"十三五"高等职业教育核心课程规划教材·汽车类

汽车底盘实训实习指导书

主　编　车万华　刘　成
副主编　曲英凯　徐　艳
主　审　刘利胜

西安交通大学出版社
XI'AN JIAOTONG UNIVERSITY PRESS

内容简介

《汽车底盘实训实习指导书》是为汽车运用与维修技术专业及其他汽车相关专业编写的实训教材,是汽车底盘构造、汽车底盘拆装实习、汽车底盘检修三门课程实践教学部分的配套用书。本书以学生自学为主,教师指导为辅。书中主要内容包括:安全规范、常用工具简介、汽车底盘构造实训、汽车底盘构造拆装实习和汽车底盘检修课程实训,共 5 章。书中所列实训实习项目已尽量涵盖汽车底盘的全部内容,不同专业在使用本教材的过程中,可根据本专业的特点和实训设备的情况酌情选取合适的实训实习项目。

本指导书可作为高职院校汽车类相关专业底盘课程的实训实习用书,也可作为相关行业技术人员培训学习的参考用书。

图书在版编目(CIP)数据

汽车底盘实训实习指导书/车万华,刘成主编. —西安:
西安交通大学出版社,2019.8
ISBN 978-7-5693-1213-3

Ⅰ.①汽… Ⅱ.①车… ②刘… Ⅲ.①汽车-底盘-
车辆修理 Ⅳ.①U472.41

中国版本图书馆 CIP 数据核字(2019)第 120756 号

书　　名	汽车底盘实训实习指导书
主　　编	车万华　刘　成
责任编辑	雷萧屹
出版发行	西安交通大学出版社 (西安市兴庆南路1号　邮政编码 710048)
网　　址	http://www.xjtupress.com
电　　话	(029)82668357　82667874(发行中心) (029)82668315(总编办)
传　　真	(029)82668280
印　　刷	西安日报社印务中心
开　　本	787mm×1092mm　1/16　印张 7.25　字数 182 千字
版次印次	2019 年 8 月第 1 版　2019 年 8 月第 1 次印刷
书　　号	ISBN 978-7-5693-1213-3
定　　价	29.00 元

读者购书、书店添货,如发现印装质量问题,请与本社发行中心联系、调换。
订购热线:(029)82665248　(029)82665249
投稿信箱:850905347@qq.com

版权所有　侵权必究

前言

近年来,国家大力发展职业教育,先后发布了《国家职业教育改革实施方案》等多个支持职业教育发展的相关文件,而实施教学是职业教育的重要组成部分,是培养和形成学生职业能力的重要教学手段。在本教材的编写过程中,编者主要依据汽车类相关专业的人才培养方案和底盘相关课程的标准要求,在实训实习项目的设置上,结合学校的现有实训实习条件,努力做到实践教学和理论教学的有机结合,并力求实现实训项目设置和职业岗位需求对接,实训操作过程和职业技能规范对接。

本教材具有以下特点:

1. 目标定位准确。本指导书以提高学生职业能力和职业素养为宗旨,突出职业教育特色,着力提高学生的操作技能和操作规范。

2. 内容选择注重普适性,兼顾先进性。本指导书在内容选择上以常见车型为主,兼顾新技术、新工艺和新方法。实现普适性和先进性的统一。

本实训指导书由车万华、刘成任主编,曲英凯、徐艳任副主编,刘磊、韩伟参编,刘利胜主审,由于编者水平有限,书中难免有不当之处,恳请读者和专家指正。

编 者

2019 年 3 月

目 录

第1章 安全篇 ·· (1)
  1.1 实训、实习的注意事项和要求 ··· (1)
  1.2 安全操作规程 ··· (1)
  1.3 学生实训守则 ··· (2)
  1.4 设备、工具管理制度 ·· (2)

第2章 常用工具简介 ·· (4)
  2.1 举升机的安全操作规程 ·· (4)
  2.2 其他常用工具的认识 ·· (5)

第3章 汽车底盘构造实训 ·· (9)
  3.1 汽车底盘的总体结构认识 ··· (9)
  3.2 膜片弹簧离合器的结构和工作原理 ·· (14)
  3.3 汽车变速器的结构和工作原理 ··· (19)
  3.4 驱动桥的结构和工作原理 ·· (27)
  3.5 万向传动装置的结构和工作原理 ·· (33)
  3.6 悬架的结构和工作原理 ··· (38)
  3.7 双向作用筒式减振器的结构和工作原理 ·· (45)
  3.8 汽车转向系统的结构和工作原理 ·· (48)
  3.9 汽车制动系统的结构和工作原理 ·· (58)

第4章 汽车底盘构造拆装实习 ··· (69)
  4.1 汽车传动系的拆装 ··· (69)
  4.2 汽车行驶系的拆装 ··· (72)
  4.3 汽车转向系的拆装 ··· (77)

4.4 汽车制动系的拆装 …………………………………………………………… (84)

第5章 汽车底盘检修课程实训 …………………………………………………… (88)
5.1 离合器从动盘的更换 ………………………………………………………… (88)
5.2 手动变速器齿轮油的更换 …………………………………………………… (90)
5.3 万向节和传动轴的检查和更换 ……………………………………………… (92)
5.4 减振器和螺旋弹簧的检查和更换 …………………………………………… (94)
5.5 车轮动平衡的检查和调整 …………………………………………………… (95)
5.6 轮胎换位 ……………………………………………………………………… (97)
5.7 四轮定位的检查和调整 ……………………………………………………… (100)
5.8 扒胎和装胎 …………………………………………………………………… (102)
5.9 转向助力液的检查和更换 …………………………………………………… (103)
5.10 制动液的检查和更换 ………………………………………………………… (105)
5.11 制动块的更换 ………………………………………………………………… (107)
5.12 ABS系统的故障检修 ………………………………………………………… (108)
5.13 真空助力器的检查和更换 …………………………………………………… (109)

第1章　安全篇

1.1　实训、实习的注意事项和要求

①学生佩戴学生卡进入实训场地,在实习教师的指导下进行训练。
②学生在实训过程中,爱护实习室内的一切设备,严格遵守设备管理制度和操作规程。
③保持实训场地的正常秩序,在规定实习区域进行训练,不得随意走动、串岗、大声喧哗。
④每次实训前必须预习指定的内容,明确每次实习的目的、要求、方法和步骤,并做好准备工作。实训中认真听讲,完成实训作业和课后作业。
⑤实训操作前必须穿适合的衣服,扎好袖口。不准穿裙子、短裤、背心、拖鞋、高跟鞋,也不能带或吃零食进入实训室。
⑥遵守劳动纪律,操作时不准聊天、开玩笑或做与实习无关的事。
⑦保管好实训工具,维护保养好机器设备、仪器、工具、量具,注意节约材料。
⑧要正确使用和维护、保养设备,出现故障及时报告,不得擅自拆卸。
⑨工、量、刀具等物品应按规定位置摆放整齐,实训设备周围不得堆放有碍安全的杂物。
⑩每次实训结束时打扫卫生,擦干净设备,检查并关闭电源、门窗,讲究文明,注意安全。
⑪凡不认真按实训内容实习,不服从实训教师指挥,违反安全操作规程等,停止其实训训练。

1.2　安全操作规程

1. 维护与修理时的安全操作规程
①学生进入实训场地,必须严格遵守实训场所的一切规定。
②训练前,必须穿好合身服装,扣好衣带、纽扣,不得穿拖鞋、背心。
③吊装发动机或其他总成时,应细心检查使用的绳索是否牢固可靠。
④不准在悬空举起的机件下面进行工作。
⑤工作时要互相关心,既要注意个人的安全,也要注意他人的安全。
⑥使用电器应严格按照安全操作规程。训练结束后关闭电源。

2. 车下工作时的安全操作规程
①在进行修理的汽车上,应悬挂"正在修理请勿转动发动机"的牌子。如不是进行制动系统的修理,应拉紧手动制动器或用三角木塞住车轮。
②在车下工作时,不要躺在地上,应使用卧板。
③使用千斤顶时应放置平稳,下垫木板。

④启动千斤顶架起卸下轮胎的汽车,不准躺在车下工作。用千斤顶放下车轮时,慢慢下放,下放前应察看周围有无障碍。

⑤启动总成时,不准用手试探螺孔、销孔等。

3. 发动机发动时的安全操作规程

①启动发动机前应首先检查机油油位、冷却液液位,以及变速杆是否放在空挡位置,并拉紧手动制动器。

②被调整试验的汽车,应具有完好的启动性。

③在实验内启动发动机进行检查调整时,应将排气管接出室外,打开门窗使空气畅通。

④发动机启动时实习学生应站立两旁,不得将手放在台架上,以防止烫伤或风扇叶片伤人。

⑤试验发动机时,不得在车下工作。

4. 使用汽油的安全操作规程

①汽油容易挥发,必须把它贮存在密封的容器内。

②汽油易燃,在它的附近不允许有火种。

③汽油会引起橡胶肿胀,不能和橡胶零件接触。

5. 使用蓄电池的安全操作规程

①蓄电池要轻拿轻放,不可倾斜,以免电解液溅到衣服或皮肤上,引起腐蚀。

②检查电解液相对密度和液面高度读数时,不可将仪器提得过高,以免电解液溅在身上或其他物件上。

③严禁将各种金属物放在蓄电池壳体上。

④充电时,应有专人看管并保持空气流通。

1.3 学生实训守则

①实习班级在预备铃响时,应在班级前集合整队,并穿戴整齐,实习老师点名后排队带入车间。

②分配好实训班组,小组长负责带到指定位置。

③由实训老师负责讲解实训任务及注意事项。

④领取实习所需工、量具和物料。

⑤列队、分区站好、送电,开始实习(注意节约物料)。

⑥下课前10分钟开始断电清扫设备,归还、清理工、量具,打扫车间卫生,实训结束。

⑦老师对当天实训进行点评,并布置下次实训任务。

1.4 设备、工具管理制度

①实训所用设备、工具需指定专人负责管理,设置台账详细登记,及时反映购入、领用和库存情况。

②实训所需设备、工具、配件,由小组负责人按备品目录领用,发放到个人,并落实保管

责任。

③轮换维修岗位时,由小组负责人监督办理工具、设备、配件交接手续,做到责任分明。

④实训结束时,设备、配件、工具由小组负责人或实训指导(领队)教师如数交回,丢失与损坏由责任人按现购价赔偿,查不清责任的,由实习小组岗位人员赔偿,同时对相关人员给予纪律处分。

⑤实验室所有工具、设备、配件均不外借。

⑥未经批准,实习学生不得将工具、设备、配件带出实习室。

第 2 章 常用工具简介

2.1 举升机的安全操作规程

汽车举升机是指汽车维修行业用于汽车举升的设备,在汽车维修和保养时都需要用到举升机,常见的举升机类型有剪式、双柱式、四柱式。图 2-1 所示为双柱式举升机。

图 2-1 双柱式举升机

举升机的具体操作规范如下:

①使用前应清除举升机附近妨碍作业的器具及杂物,并检查操作手柄是否工作正常。操作机构必须灵敏有效,液压系统不允许有爬行现象。

②举升车辆时,四个支座应在同一平面内,调整支角胶垫高度使其接触车辆底盘支撑部位。

③待举升车辆驶入后,应将举升机支撑块调整移动到该车型规定的支撑部位。

④举升时人员应离开车辆,当车辆举升到离地面高度 20 cm 时,再检查四个支座的位置是否在同一平面内。

⑤底盘支撑部位,四个托架要锁紧,当车辆举升到需要高度时,操作人员必须落锁,同时并确保安全可靠,人员才可到车辆底下作业。

⑥除车辆底盘维护及小修项目外,其他笨重作业不得在举升机上操作修理。

⑦举升机不得频繁起落。

⑧举升车辆时举升要稳,降落要慢。

⑨车辆底下有人作业时严禁升降举升机。

⑩发现举升机操作机构不灵,电机不同步,托架不平或液压部分漏油时,应及时报修,不得带故障操作。

⑪作业完毕时,操作人员应清除杂物,打扫举升机周围以保持场地整洁。

⑫定期检查举升机油量,当油量不足时,应及时加注相同牌号的液压传动油。

2.2 其他常用工具的认识

1. 汽车千斤顶

千斤顶是指用刚性顶举件在小行程内顶开重物的轻小起重设备,如图2-2所示。千斤顶可分为气动千斤顶、电动千斤顶、液压千斤顶和机械千斤顶,其中常见的是液压式和机械式两种,汽车千斤顶通常在更换轮胎、拆卸离合器、变速器、发动机时使用。

图2-2 千斤顶

2. 锤子

锤子是敲打物体使其移动或变形的工具。锤子由锤头和锤柄组成,汽车维修使用的锤子通常有铁锤、橡胶锤,铁锤又包括圆头锤、方头锤、羊角锤等多种样式,如图2-3所示。

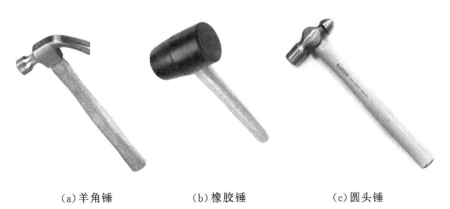

(a) 羊角锤　　　(b) 橡胶锤　　　(c) 圆头锤

图2-3 锤子

3. 钳子

钳子是用于夹持、固定零件或者扭转、弯曲、剪断零件和电线的工具。钳子的种类很多,汽车修理常用的有鲤鱼钳、尖嘴钳、卡箍钳、剥线钳、弯头钳等,如图2-4所示。使用钳子时,我们不能用钳子拧转螺栓或螺母,也不能当撬棍,更不能当锤子。

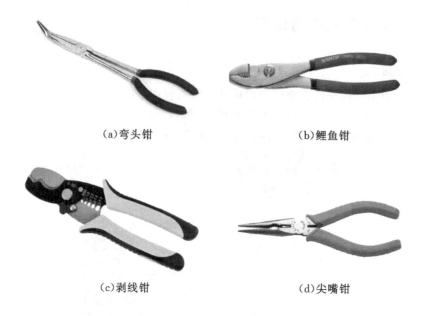

(a)弯头钳　　　　　　(b)鲤鱼钳

(c)剥线钳　　　　　　(d)尖嘴钳

图2-4　钳子

4. 游标卡尺

游标卡尺是一种测量长度、内径、外径、深度的量具,如图2-5所示。按读数方式的不同可分为普通游标卡尺、带表卡尺和数显卡尺三种。游标卡尺由主尺和附在主尺上能滑动的游标两部分构成。一般游标卡尺的测量精度分为0.1 mm、0.05 mm和0.02 mm,其中测量精度是0.02 mm的最为常见。

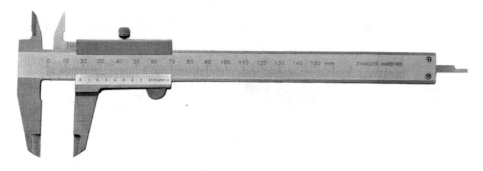

图2-5　游标卡尺

5. 千分尺

千分尺又称为螺旋测微器,根据读数方式的不同可分为机械千分尺和数显千分尺两种,如图 2-6 所示。千分尺比游标卡尺测量精度更高,常见的千分尺测量精度为 0.01 mm。

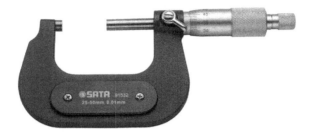

图 2-6 千分尺

6. 螺丝刀

螺丝刀又称为螺丝批、改锥,由弹簧钢制成,是用来拧紧或旋松带槽螺钉的工具,常见的有一字螺丝刀和十字螺丝刀两种,如图 2-7 所示。注意不能把螺丝刀当錾子,更不能当撬棍。

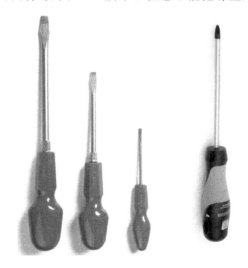

(a)一字螺丝刀　　　(b)十字螺丝刀

图 2-7 螺丝刀

7. 扳手

扳手是一种常用的安装与拆卸工具,是利用杠杆原理拧转螺栓、螺钉、螺母的开口或套筒的工具。汽车维修工作中常用的扳手包括活扳手、梅花扳手、开口扳手、棘轮扳手、扭力扳手、内六角扳手、气动扳手和套筒扳手等,如图 2-8 所示。

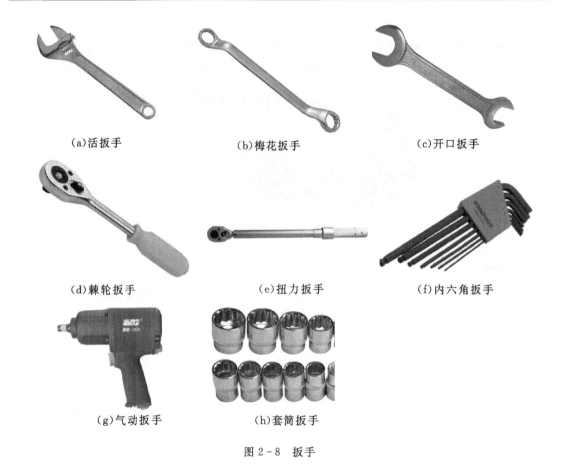

图 2-8 扳手

8. 万用表

万用表是汽车维修过程中最常用的电路测量工具,是带有整流器的可以测量交直流电流、电压、电阻和电容等多种电学参量的磁电式仪表。万用表分为指针式和数字式两种,现在多数都是数字式万用表,如图 2-9 所示。

图 2-9 数字式万用表

第 3 章　汽车底盘构造实训

3.1　汽车底盘的总体结构认识

一、实训目的和要求

1. 了解汽车的组成；
2. 熟知汽车底盘的四大系统和各系统主要零部件的安装位置；
3. 了解汽车底盘四大系统的作用及简单的原理。

二、实训注意事项

1. 熟知举升机的操作步骤；
2. 在车下进行作业之前，一定要确保汽车已经以正确、安全的方式进行了支承。

三、实训设备

普通轿车 6 辆。

四、实训学时及分组情况

1. 学时：2 学时；
2. 分组情况：5～6 名同学一组。

五、知识准备

汽车底盘由汽车传动系统、汽车行驶系统、汽车转向系统和汽车制动系统四大部分组成。

1. 汽车传动系

（1）传动系的功用　汽车传动系是指从发动机到驱动车轮之间所有动力传递装置的总称。传动系统的功用是将发动机发出的动力按需要传递给驱动车轮，使汽车在各种不同的工况下均能正常行驶，并具有良好的动力性和经济性。具体如下。

①减速增矩。发动机输出的动力具有转速高、转矩小的特点，无法满足汽车行驶的基本需要，通过传动系统的主减速器，可以达到减速增矩的目的，即传给驱动轮的动力比发动机输出的动力转速低，转矩大。

②变速变矩。发动机的最佳工作转速范围很小，但汽车行驶的速度和需要克服的阻力却在很大范围内变化，通过传动系统的变速器，可以在发动机工作范围变化不大的情况下，满足汽车行驶速度变化大和克服各种行驶阻力的需要。

③实现倒车。发动机不能反转,但汽车除了前进外,还要倒车,在变速器中设置倒挡,汽车就可以实现倒车。

④必要时中断传动系统的动力传递。在启动发动机、换挡、行驶途中短时间停车(如等候交通信号灯)、汽车低速滑行等情况下,都需要中断传动系统的动力传递,利用变速器的空挡可以中断动力传递。

⑤差速功能。在汽车转向等情况下,需要两驱动轮能以不同转速转动,通过驱动桥中的差速器可以实现差速功能。

(2)传动系的类型　根据汽车传动系中传动介质的不同,传动系可分为机械式、液力机械式、静液式、电力式等。其中,机械式传动系和液力机械式传动系广泛应用于现代汽车上。

(3)机械式传动系的布置形式　汽车传动系的布置形式主要与发动机的安装位置及驱动形式有关。汽车的驱动形式通常用汽车车轮总数×驱动车轮数(车轮数指轮毂数)来表示。普通汽车一般装有4个车轮,常见的驱动形式有4×2、4×4两种;重型货车大多装有6个车轮,其驱动形式有6×6、6×4、6×2三种。

①发动机前置后轮驱动(FR)。其特点是传动路线较长,发动机只能采用纵向布置,但是后轮得到的驱动力较大,适用于大多数货车、部分高级轿车和部分客车。

②发动机前置前轮驱动(FF)。其特点是传动线路结构简单,路线短,车身底板可以降低,有助于提高高速时的行驶稳定性。大多数轿车采用这种布置形式,但爬坡能力差,豪华轿车一般不采用。

③发动机后置后轮驱动(RR)。其特点是其发动机、离合器和变速器制成一体布置在驱动桥之后,大大缩短了传动轴的长度,且传动系结构紧凑,便于车身内部布置,能减小室内发动机的噪声,一般用于大、中型客车。

④发动机前置全轮驱动(4WD)。其特点是所有车轮都是驱动车轮,常用于高档轿车和越野车。4WD有多个驱动桥,在变速器后加了一个分动器,其作用是把变速器输出的动力经几套万向传动装置分别传递给所有的驱动桥,并可以进一步降速增扭。

⑤发动机中置后轮驱动(MR)。其特点是发动机布置在前后轴之间,用后轮驱动,用于跑车和少数大中型客车。

(4)传动系的组成　传动系的组成与其类型、布置形式及驱动形式等许多因素有关。

①机械式传动系。如图3-1所示,机械式传动系发动机前置后轮驱动(FR),主要由离合器、变速器、万向传动装置和驱动桥组成。其中万向传动装置由万向节和传动轴组成,驱动桥

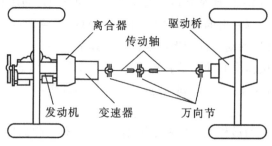

图3-1　机械传动系

由主减速器和差速器组成。发动机发出的动力经离合器、变速器、万向传动装置传到驱动桥,动力又经主减速器、差速器和半轴等传递到驱动车轮。驱动轮得到的转矩给地面一个向后的作用力,地面对驱动轮产生一个向前的反作用力,我们把这个反作用力称为驱动力或牵引力,当驱动力克服汽车行驶助力,并满足附着条件时,汽车就会起步和行驶。

②液力机械式传动系。如图3-2所示,液力机械式传动系主要由液力变矩器、自动变速器、万向传动装置和驱动桥组成。液力机械传动系是将液力传动与机械传动有机地组合起来,以液体为传动介质,利用其在主动元件和从动元件之间循环流动过程中动能的变化来传递动力。

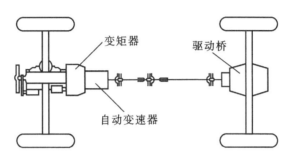

图3-2 液力机械式传动系

2. 汽车行驶系

(1)行驶系的功用 道路上行驶的汽车都设有行驶系统,以确保车辆在路面上正常行驶。汽车行驶系的功用是接受传动系传来的发动机转矩,通过驱动轮与地面间附着作用产生驱动力;承受汽车的总重量,传递并承受路面作用于车轮上的各个方向的反力及其转矩;缓解不平路面对车身造成的冲击和振动,保证汽车平顺行驶;与转向系统协调配合工作,控制汽车的行驶方向。

(2)行驶系的组成 汽车行驶系的基本组成主要取决于汽车经常行驶的路面性质,绝大多数汽车都行驶在比较坚实的路面上,采用通过车轮与地面接触的轮式行驶系。

轮式汽车行驶系一般由车身(车架)、车桥、车轮和悬架组成,如图3-3所示。

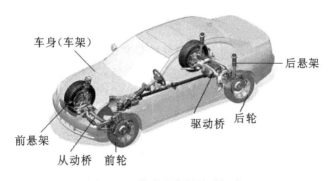

图3-3 轮式汽车行驶系组成

车身(车架)将汽车的各相关总成连接成一个整体,与行驶系共同支撑整车的质量,是全车装配与支撑的基础。车轮分别装在前桥和后桥上,支撑着车桥和汽车。车桥与车架之间通过悬架进行连接,以减少汽车在行驶中受到的各种冲击和振动。在一些轿车中,为了提高其舒适性,通常采用断开式车桥,两侧车轮的车桥心轴分别通过各自的弹性元件与车架连接,受外力作用时车轮互不干扰,故称为独立悬架系统。

3. 汽车转向系

(1)转向系的功用　汽车转向系的功用是改变和保持汽车的行驶方向。当汽车需要改变行驶方向时,必须使转向轮绕主销轴线偏转一定角度,直到新的行驶方向符合驾驶员的要求时,再将转向轮恢复到直线行驶位置。这种由驾驶员操纵,转向轮偏转和回位的一整套机构,称为汽车转向系。

(2)转向系的工作原理　转向系主要由转向操纵机构、转向器和转向传动机构组成。当驾驶员转动转向盘时,作用力经转向柱传至转向器,转向器把这个动作传到转向传动机构。然后,转向传动机构带动前轮偏转,控制汽车的行驶方向。

(3)转向系的组成与分类　汽车转向系按转向能源的不同分为机械式转向系和动力式转向系两大类。

①机械式转向系。机械式转向系以驾驶员的体力作为转向能源。机械式转向系由转向操纵机构、转向器和转向传动机构三大部分组成,图3-4所示为其一般布置情况示意图。

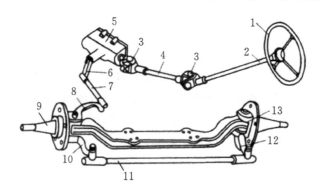

1—转向盘;2—转向轴;3—转向万向节;4—转向传动轴;5—转向器;6—转向摇臂;
7—转向直拉杆;8—转向节臂;9—左转向节;10、12—梯形臂;11—转向横拉杆;13—右转向节

图3-4　机械转向系示意图

②动力式转向系。动力式转向系是兼用驾驶员体力和发动机动力作为转向能源的转向系。动力转向系是在机械式转向系的基础上加设一套转向助力器而构成的。图3-5为液压式动力转向系示意图,其中,转向油罐、转向油泵、转向控制阀和转向动力缸为构成转向助力器的各部件。

采用动力式转向系的汽车,在正常情况下转向时,驾驶员操纵机械式转向系一方面提供转向所需的一小部分能量,另一方面则同时带动转向助力器工作,由发动机通过转向助力器提供转向所需的大部分能量。在转向助力器失效时,一般还能由驾驶员独立承担汽车转向任务。

4. 汽车制动系

(1)制动系的功用

①制动系可使行驶中的汽车强制减速甚至停车。在汽车进入弯道、行驶在不平道路、两车

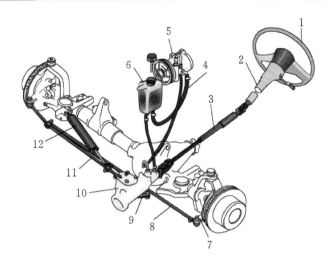

1—方向盘;2—转向轴;3—转向中间轴;4—转向油管;5—转向油泵;6—转向油罐;7—转向节臂;
8—转向横拉杆;9—转向摇臂;10—整体式转向器;11—转向直拉杆;12—转向减振器

图 3-5 动力转向系示意图

交会或是突遇障碍物、有碰撞行人和其他车辆的危险时,要在尽可能短的时间内将车速降低,甚至停车。

②使下坡行驶的汽车速度保持稳定,以保证行车的安全。汽车在下长坡时,在重力产生的下滑力的作用下,汽车车速不断加快,此时应将车速限定在安全值内,并保持车速相对稳定。

③使已停驶的汽车在各种道路条件下(包括在坡道上)稳定驻车,以防溜车。

(2)制动系的分类

①按制动系的功用分类如下。

(a)行车制动装置。它是使行驶中的汽车降低速度甚至停车的一套装置,主要由车轮制动器和制动传动机构组成,俗称脚制动。

(b)驻车制动装置。它是使已停驶的汽车驻留原地不动的一套装置,坡道起步、行车制动效能失效后临时使用或配合行车制动器进行紧急制动,俗称手制动。

(c)第二制动装置。它是在行车制动系失效的情况下保证汽车仍能实现减速或停车的一套装置。许多国家的汽车安全法规中规定,第二制动系也是汽车必须具备的。

(d)辅助制动装置。它是在汽车下长坡时用以稳定车速的一套装置。

②按制动系的制动能源分类如下。

(a)人力制动系。它是以驾驶员的肌体作为唯一制动能源的制动系。

(b)动力制动系。它是完全依靠发动机动力转化成的气压或液压进行制动的制动系。

(c)伺服制动系。它是兼用人力和发动机动力进行制动的制动系。

按照制动能量的传输方式,制动系又可分为机械式、液压式、气压式和电磁式等。同时采用两种传能方式的制动系统可称为组合式制动系,如大型汽车上使用的气顶液制动系。

(3)制动系的组成 任何制动系都由以下四部分组成。

①供能装置。包括供给、调节制动所需能量以及改善传能介质状态的各种部件。其中产

生制动能量的部分称为制动能源,人的肌体也可作为制动能源。
②控制装置。包括产生制动动作和控制制动效果的各种部件,如制动踏板、制动阀等。
③传动装置。包括将制动能量传输到制动器的各个部件,如制动主缸和制动轮缸等。
④制动器。产生制动摩擦力矩的部件。

较为完善的行车制动系还具有制动力调节装置(ABS)、报警装置、压力保护装置等附加装置。

3.2 膜片弹簧离合器的结构和工作原理

一、实训目的和要求

1. 掌握普通膜片弹簧离合器的基本组成和工作原理;
2. 掌握捷达轿车膜片弹簧离合器的基本组成和工作原理;
3. 掌握离合器操纵机构的类型、构造和工作原理。

二、实训注意事项

1. 禁止穿拖鞋进入实训室,女同学的长头发一定要盘起;
2. 离合器压盘及离合器盖总成比较重,同学在搬动它时一定要注意安全;
3. 分离轴承总成要轻拿轻放,以免损坏。

三、实训设备

1. 普通膜片弹簧离合器及离合器操纵机构各3套;
2. 捷达轿车膜片弹簧离合器及操纵机构3套;
注意:可根据各学校汽车实训室实际情况进行准备。

四、实训学时及分组情况

1. 学时:2学时;
2. 分组情况:5~6名同学一组。

五、知识准备

离合器位于发动机与变速器之间,是汽车传动系中第一个总成,它直接与发动机相联接,用来切断或实现发动机对传动系的动力传递。在汽车机械式传动系中广泛采用的是摩擦式离合器。

1. 离合器的功用

(1)保证汽车平稳起步　使发动机与传动系逐渐结合,从而保证汽车平稳起步。
(2)便于换挡　暂时切断发动机与传动系的连接,以便发动机的启动和换挡。
(3)传递转矩　在汽车机械式传动系中,发动机转矩是利用离合器的摩擦力矩传递给驱动轮。

（4）**防止传动系过载** 汽车紧急制动时，车轮突然急剧降速。若发动机与传动系刚性连接，将迫使发动机转速也急剧降速，传动系内各转动件也将产生很大的惯性力矩（数值可能远大于发动机正常工作时所发出的最大转矩），这一力矩作用于传动系，会造成传动系过载而使其机件损坏。

（5）**减振** 大多数离合器上还装有扭转减振器，能衰减发动机和传动系的扭转振动。

2. **离合器的类型**

按照离合器传递动力的方式不同可分为摩擦式离合器、液力式变矩器和电磁式离合器三种。

摩擦式离合器的基本组成如图3-6所示，主动部分是由飞轮、离合器盖、压盘等组成；压紧装置主要由膜片弹簧组成；从动部分由从动盘（图3-7）、从动轴（变速器输入轴）组成；操纵与分离机构由离合器踏板、踏板复位弹簧、分离杠杆、分离轴承、分离套筒、分离叉、回位弹簧等机件组成。

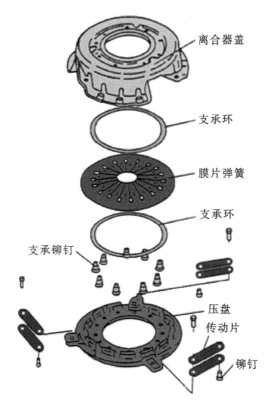

图3-6 离合器的基本组成

3. **摩擦式离合器的工作原理**

摩擦式离合器依靠摩擦原理传递发动机动力。当从动盘与飞轮之间有间隙时，飞轮不能带动从动盘旋转，离合器处于分离状态。当压紧力由动盘压向飞轮后，飞轮表面对从动盘表面的摩擦力带动从动盘旋转，离合器处于接合状态。

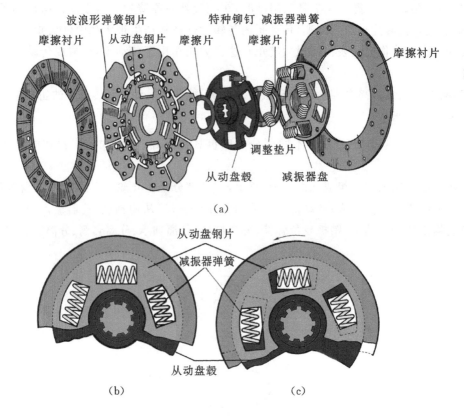

图 3-7 从动盘
(a)从动盘分解图；(b)减振弹簧不传力；(c)减振弹簧被压缩（传力）

(1)接合状态 如图 3-8(a)所示，膜片弹簧将压盘、飞轮及从动盘互相压紧，发动机的转矩经飞轮及压盘通过摩擦面的摩擦力矩传至从动盘。

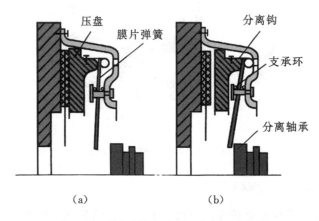

图 3-8 膜片弹簧离合器工作原理示意图
(a)接合状态；(b)分离状态

(2)分离状态 如图3-8(b)所示,踩下踏板,拨叉推动从动盘克服压紧弹簧的压力右移而与飞轮分离,摩擦力消失,从而中断了动力传动。

(3)接合过程 缓慢地抬起离合器踏板,使从动盘在膜片弹簧压力作用下左移与飞轮恢复接触,二者接触面间的压力逐渐增加,相应的摩擦力矩逐渐增加,离合器从完全打滑到部分打滑,直至完全接合。

4. 拉式膜片弹簧离合器

(1)拉式膜片弹簧离合器的结构 拉式膜片弹簧离合器的结构形式与普通膜片弹簧离合器的结构形式大体相同,只是将膜片弹簧反向安装,并且支承点位置有所改变。支承点由原来的中间支承环处移至膜片弹簧大端边缘处,膜片弹簧中部与压盘的环形凸起接触,依靠弹簧的弹力对压盘产生压紧力。其结构如图3-9所示,膜片弹簧及离合器盖总成由螺栓固定在曲轴后端的凸缘上,膜片弹簧及离合器盖总成与飞轮用螺栓固定在一起,其间夹有分离盘、卡簧、从动盘,卡簧将分离盘卡在膜片弹簧上的三个凸钩上,分离盘中心处有一个与分离压杆配合的凹坑。

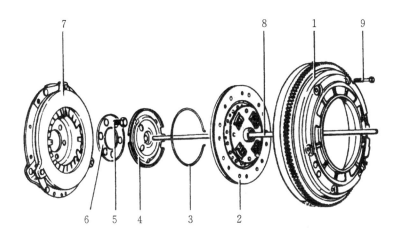

1—飞轮;2—从动盘;3—卡簧;4—分离盘;5—螺栓;6—锁紧垫片;
7—离合器盖及压盘总成;8—分离压杆;9—螺栓
图3-9 捷达离合器

(2)拉式膜片弹簧离合器的原理 当踩下离合踏板时,借助踏板机构的操纵使分离压杆前移,分离压杆又推动分离盘前移,分离盘压在膜片弹簧内端,推动膜片弹簧内端前移,进而使压盘和从动盘分离,动力中断。与普通膜片弹簧离合器相比,拉式膜片弹簧离合器的结构更为简化,增强了离合器盖的刚度,提高了分离效率,降低了分离负荷,使离合器操纵更加轻便。我国一汽大众公司生产的捷达、宝来、高尔夫等车型采用的离合器就是拉式膜片弹簧离合器。

5. 离合器的自由间隙及自由行程

从离合器的工作原理可知,为了保证离合器不会出现打滑现象,离合器在接合状态时,在分离杠杆内端与分离轴承之间必须预留一定量的间隙,即离合器的自由间隙。踩下离合器踏板时,首先必须消除这一间隙,然后才能开始分离离合器。为消除这一间隙所需的离合器踏板行程称为离合器踏板的自由行程。

从动盘摩擦片经使用后,离合器的自由间隙及自由行程会变小,应及时调整。捷达轿车离合器的自由行程是自调的,不需要人工调整。

6.离合器的操纵机构

离合器操纵机构是驾驶员可以使离合器分离,而后又使之柔和接合的一套机构。按照分离离合器所需的操纵能源分类,离合器操纵机构有人力式和气压助力式两类。如图3-10所示,捷达轿车离合器使用的机械绳索式操纵机构,操纵绳索一端与离合器踏板相连,一端与离合器操纵臂相连,当踩下离合器踏板时,绳索拉动离合器操纵臂把分离压杆压向膜片弹簧,使离合器分离。

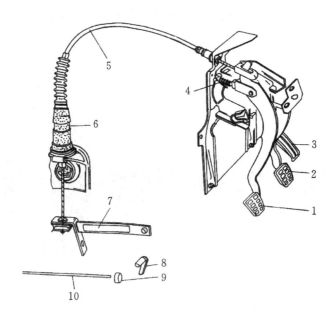

1—离合器踏板;2—制动踏板;3—加速踏板;4—助力弹簧;5—绳索总成;
6—绳索自动调整装置;7—离合器操纵臂;8—离合器分离臂;
9—离合器分离轴承;10—离合器分离压杆

图3-10 捷达轿车离合器的绳索式传动机构

如图3-11所示,液压操纵机构主要由主缸、工作缸和油管组成,它具有阻力小、布置方便等特点。

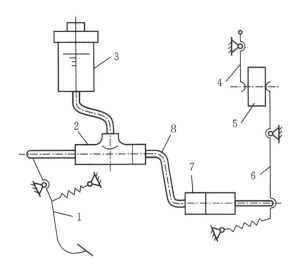

1—踏板；2—主缸；3—储液室；4—分离杠杆；5—分离轴承；6—分离叉；7—工作缸；8—油管

图 3-11　离合器液压操纵机构示意图

3.3　汽车变速器的结构和工作原理

一、实训目的和要求

1. 掌握变速器的功用、类型、结构和工作原理；
2. 正确叙述两轴式变速器各挡位的动力传动路线；
3. 掌握锁环式同步器（或锁销式同步器）的功用、结构和工作原理；
4. 了解手动变速器的自锁和互锁的安装位置、结构与原理。

二、实训注意事项

1. 拆卸两轴式变速器壳体，首先换挡杆处于空挡位置，变速器壳体上的螺栓应沿圆周方向对角松开；
2. 锁环式同步器滑块很小，要避免丢失。

三、实训设备

1. 两轴式变速器 3 台；
2. 锁环式同步器 3 套或锁销式同步器 3 套；
3. SATA 工具 3 套。

四、实训学时

1. 实训学时：4 学时；
2. 分组情况：5～6 名同学一组。

五、知识准备

1. 变速器的功用

①通过改变传动比,扩大汽车牵引力和速度的变化范围,以适应汽车不同行驶条件的需要。

②在发动机旋转方向不变的条件下,使汽车能够倒向行驶。

③利用空挡中断发动机向驱动轮的动力传递,使发动机能够启动和怠速运转,并满足汽车暂时停驶和滑行的需要。

对于多轴驱动的越野汽车,在变速器之后还装有分动器,以便将变速器输出的动力分配到各个驱动轮上。

2. 变速器的基本组成

变速器主要由变速传动机构和操纵机构组成。

变速传动机构主要由变速器轴、变速齿轮、同步器等组成。

操纵机构主要由变速器操纵杆、拨叉、拨块、拨叉轴以及安全装置等组成。

3. 两轴式变速器的基本构造和工作过程

两轴式齿轮变速器主要应用于发动机前置、前轮驱动和发动机后置、后轮驱动的中、轻型轿车上,以便于汽车的总体布置。目前,轿车上采用发动机前置、前轮驱动的布置样式越来越广泛。

捷达轿车两轴式变速器如图3-12所示,该变速器壳体包括后壳体、变速器壳体和离合器壳体,三部分以螺栓连接,输入轴总成、输出轴总成、拨叉总成和差速器总成装在壳体内。另外,还有倒挡轴(图中未画出)。

(1)输入轴　输入轴是一根带有轴向通孔的空心轴,内部装有离合器推杆,用于分离离合器。输入轴前端花键部分插入离合器从动盘的盘毂中,转矩由此输入。输入轴前部以滚针轴承支撑在离合器壳体上,后部以球轴承支撑在变速器壳体上。一挡、倒挡和二挡齿轮与输入轴制成一体,三、四挡齿轮以滚针轴承装配在输入轴上,三、四挡同步器花键毂以内花键装配在二者之间输入轴颈上,轴向以轴肩和卡环定位,并通过外花键与接合套的内花键相配合,接合套在花键毂上轴向滑动实现三、四挡位及空挡的转换。五挡同步器总成装在输入轴后端,并通过五挡紧固螺套固定在输入轴上,花键毂以内花键与输入轴配合,以外花键与接合套配合,五挡齿轮通过滚针轴承装配在五挡同步器花键毂轴上,接合套在花键毂上轴向滑动实现五挡和空挡的转换。三、四、五挡齿轮靠向同步器一侧都加工有与花键毂、接合套同样键齿齿数和齿宽的接合齿圈和一段轴向带锥度的轴颈,齿圈用以和接合套接合传递动力,锥面轴颈上装配带有内锥面的同步环,并且同步环外圈上也加工有齿圈,齿圈的齿数和齿宽与齿轮齿圈的一样。

(2)输出轴　输出轴前端通过两个圆锥滚子轴承支撑在离合器壳体上,两个轴承间夹持着与输出轴制成一体的主减速器主动齿轮,后部通过滚柱轴承支撑在变速器壳体上。一、二挡齿轮以滚针轴承装配在输出轴上,一、二挡同步器花键毂以内花键装配在二者之间输出轴颈上,轴向以轴肩和卡环定位,并通过外花键与接合套(即输出轴倒挡齿轮)的内花键相配合,接合套在花键毂上轴向滑动实现一、二挡位及空挡的转换。一、二挡齿轮同输入轴上三、四、五挡齿轮

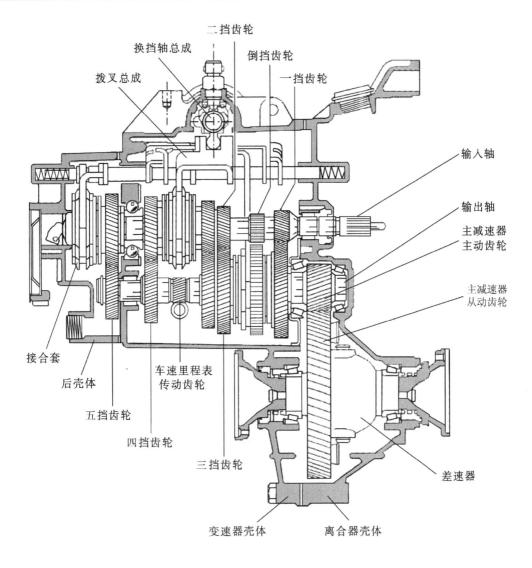

图 3-12 捷达轿车五挡变速器结构(两轴式变速器)

一样,在靠向同步器侧也加工有接合齿圈和锥面轴颈,并装配同步环。三、四、五挡齿轮通过花键装配在输出轴相应的轴颈上,并通过卡环及轴肩限位。在三、四挡齿轮之间的输出轴上还加工有车速里程表传动齿轮。

(3)倒挡轴　倒挡轴上装一倒挡惰轮,惰轮是直齿圆柱齿轮。倒挡惰轮轴孔上过盈装配着滑动轴承,且与倒挡轴间隙配合,可在倒挡轴上轴向滑动。

捷达轿车两轴式变速器各挡位的传动路线如下。

(1)一挡　如图3-13所示,一、二挡同步器接合套左移,与一挡从动齿轮接合齿圈接合,将一挡从动齿轮锁定在输出轴上。动力传动路线为:输入轴→一挡主动齿轮→一挡从动齿轮→一、二挡同步器接合套→一、二挡同步器花键毂→输出轴。

(2)二挡 如图3-14所示,一、二挡同步器接合套右移,与二挡从动齿轮接合齿圈接合,将二挡从动齿轮锁定在输出轴上。动力传动路线为:输入轴→二挡主动齿轮→二挡从动齿轮→一、二挡同步器接合套→一、二挡同步器花键毂→输出轴。

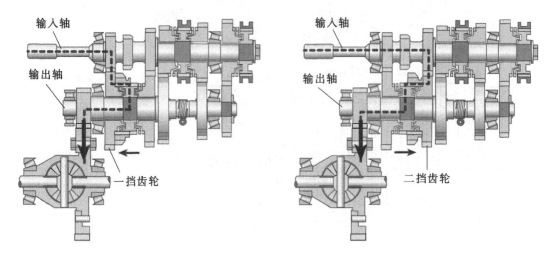

图3-13 一挡传动路线　　　　　　　图3-14 二挡传动路线

(3)三挡 如图3-15所示,三、四挡同步器接合套左移,与三挡主动齿轮接合齿圈接合,将三挡主动齿轮锁定在输入轴上。动力传动路线为:输入轴→三、四挡同步器花键毂→三、四挡同步器接合套→三挡主动齿轮→三挡从动齿轮→输出轴。

(4)四挡 如图3-16所示,三、四挡同步器接合套右移,与四挡主动齿轮接合齿圈接合,将四挡主动齿轮锁定在输入轴上。动力传动路线为:输入轴→三、四挡同步器花键毂→三、四挡同步器接合套→四挡主动齿轮→四挡从动齿轮→输出轴。

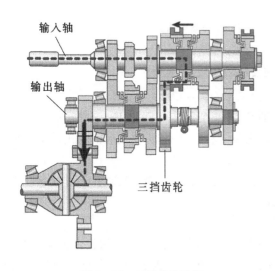 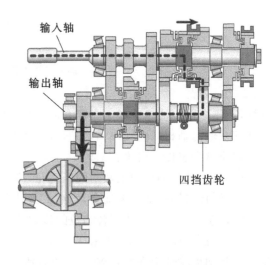

图3-15 三挡传动路线　　　　　　　图3-16 四挡传动路线

(5)五挡 如图3-17所示,五挡同步器接合套左移,与五挡主动齿轮接合齿圈接合,将五挡主动齿轮锁定在输入轴上。动力传动路线为:输入轴→五挡同步器花键毂→五挡同步器接合套→五挡主动齿轮→五挡从动齿轮→输出轴。

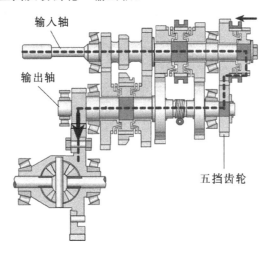

图3-17 五挡传动路线

(6)倒挡 从前进挡的传动示意图能够看出,无论挂入几挡或空挡时,倒挡主动齿轮和倒挡从动齿轮(即外缘加工有直齿的一、二挡同步器接合套)并没有接触,二者之间有一定量的间隙,所以不能直接传动。若要挂入倒挡,必须移动倒挡惰轮,与输入轴上的倒挡主动齿轮和输出轴上的倒挡从动齿轮相啮合,将二者联系起来,才能传动。动力传动路线为:输入轴→倒挡主动齿轮→倒挡惰轮→倒挡从动齿轮→输出轴。

4.锁环式惯性同步器

同步器作为一种换挡装置,是在接合套换挡装置的基础上发展起来的,其功用是使接合套与待接合的齿圈二者之间迅速达到同步,并阻止二者在同步前进入啮合,从而可消除换挡时的冲击,缩短换挡时间,简化换挡过程,使换挡操作简捷而轻便。

(1)锁环式惯性同步器结构 如图3-18所示,花键毂用内花键套装在轴的外花键上,用垫圈、卡环轴向定位。花键毂两端与齿轮之间各有一个铜合金制成的锁环(也叫同步环)。锁环上有短花键齿圈,其花键的尺寸和齿数与花键毂两侧齿轮的外花键齿相同。两个齿轮和锁环上的花键齿在靠近接合套的一端都有倒角(锁止角),与接合套齿端的倒角相同。锁环有内锥面,与齿轮的外锥面锥角相同。在锁坏锥面上制有细密的螺纹(或直槽),当锥面接触后,它能及时破坏油膜,增加锥面间的摩擦力。锁环内锥面摩擦副称为摩擦件,外沿带倒角的齿圈是锁止件,锁环上还有3个均布的缺口。3个滑块分别装在花键毂上3个均布的轴向槽内,沿槽可以轴向移动。滑块被两个外涨式弹簧圈的径向力压向接合套,滑块中部的凸起部位压嵌在接合套中部的定位凹槽内。滑块和弹簧圈是推动件。滑块两端伸入锁环的缺口中,滑块窄缺口宽,两者之差等于锁环的花键齿宽,且只有当滑块位于锁环缺口的中央时,接合套与锁环才能接合。

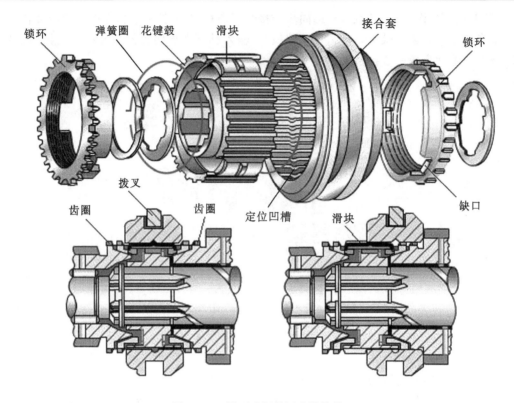

图 3-18 锁环式惯性同步器结构

(2)锁环式惯性同步器工作原理 以一挡换二挡为例,如图 3-19 所示。

①空挡位置。接合套刚从一挡退入空挡时,如图 3-19(a)所示,二挡齿轮、接合套、锁环以及与其有关联的运动件,因惯性作用按原来转速沿原方向继续旋转(图示箭头方向)。设二挡齿轮、接合套、锁环的转速分别为 n_2、$n_套$、$n_环$,因接合套通过滑块前侧(图中下侧)推动锁环一起旋转,所以 $n_套 = n_环$,因 $n_2 > n_套$,故 $n_2 > n_环$。此时锁环是轴向自由的,其内锥面与二挡齿轮的外锥面没有摩擦(图示虚线)。

②摩擦力矩的形成与锁止过程。欲换入二挡时,推动接合套连同滑块一起向左移动,如图 3-19(b)所示,滑块又推动锁环移向二挡齿轮,使锥面接触。驾驶员作用在接合套上的轴向推力,使两锥面有正压力,又因两者有转速差($n_2 > n_环$),所以产生摩擦力矩 M_1。通过摩擦作用,二挡齿轮带动锁环相对于接合套向前转动一个角度,使锁环缺口靠在滑块的另一侧(上侧)为止,此时接合套的内齿与锁环上齿圈错开了约半个齿宽,接合套的齿端倒角面与锁环的齿端倒角面互相抵住,锁止作用开始,接合套暂不能前移进入啮合。

驾驶员的轴向推力使接合套的齿端倒角面与锁环的齿端倒角面之间产生正压力 F_N,力 F_N 可分解为轴向力 F_1 和切向力 F_2。F_2 形成一个企图拨动锁环相对于接合套反转的力矩,称为拨环力矩 M_2。F_1 使锁环和二挡齿轮的锥面进一步压紧,两锥面间的摩擦力矩 M_1 使齿轮相对于锁环迅速减速而趋向与锁环同步,由于二挡齿轮以及与其相关联的零件的减速,便产生一个与旋转方向相同的惯性力矩,又通过摩擦锥面以摩擦力矩的方式传到锁环上,阻碍锁环相对于接合套反向转动。可见,锁环上同时作用着方向相反的两个力矩:一个是齿端倒角面上力图

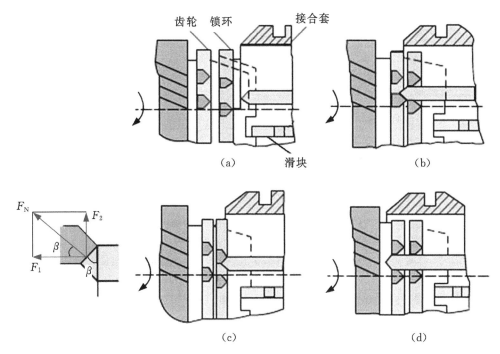

图 3-19 锁环式惯性同步器工作原理
(a)接合套位于空挡位置;(b)摩擦力矩的形成与锁止过程;
(c)接合套与锁环花键齿圈啮合;(d)接合套与齿轮同步啮合

拨动锁环相对于接合套向后转动的拨环力矩 M_2;另一个是阻止锁环向后倒转的惯性力矩。在齿轮和锁环未同步之前,惯性力矩在数值上等于摩擦力矩 M_1。并且,结构设计上保证,同步前摩擦力矩永远大于拨环力矩。

在上述过程中,可以认为锁环的转速 $n_环$ 不变,只是二挡齿轮的转速 n_2 减速趋近于 $n_环$。这是因为锁环连同接合套通过花键毂与整个汽车相联系,转动惯量大,转速下降得慢,而二挡齿轮仅与离合器从动部分相联系,转动惯量很小,速度降低较前者快得多,因而二挡齿轮做减速运动。

5. 变速器的操纵机构

(1)变速器操纵机构的功用 进行挡位变换,即根据汽车行驶条件的需要改变变速传动机构的传动比、变换传动方向或中断发动机动力的传递。

(2)变速器操纵机构的类型 变速器操纵机构根据其变速操纵杆(简称变速杆)与变速器相互位置的不同,可分为直接操纵式和远距离操纵式两种类型。

①直接操纵式。直接操纵式变速器的变速杆及所有换挡操纵装置都设置在变速器盖上,驾驶员可直接操纵变速杆来拨动变速器盖内的换挡操纵装置进行换挡。它具有换挡位置易确定、换挡快、换挡平稳等优点。

②远距离操纵式。在有些汽车上,由于其总体布置的需要,变速器的安装位置离驾驶员座位较远,因此变速杆不能直接布置在变速器盖上,于是在变速杆与变速器之间加装了一套传动杆件构成远距离操纵的模式,如图 3-20 所示。它具有变速杆占据的驾驶室空间小,驾驶室乘坐方便等优点,但换挡操作的准确性和可靠性稍差。

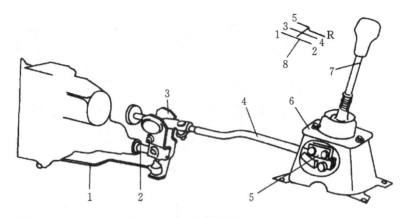

1—支撑杆；2—内换挡杆；3—换挡杆接合器；4—外换挡杆；5—倒挡保险挡块；
6—换挡手柄座；7—操纵杆；8—换挡标记；R—倒挡

图 3-20　桑塔纳 2000 型轿车五挡变速器远距离操纵式换挡机构

(3) 变速器操纵机构的结构　变速器操纵机构通常由换挡拨叉机构和定位锁止装置两部分组成。

① 换挡拨叉机构。换挡拨叉机构主要由变速杆、叉形拨杆、换挡轴、各挡拨块、拨叉轴及拨叉等组成。各种变速器由于挡位及挡位排列位置不同，其拨叉和拨叉轴的数量及排列位置也不相同，如图 3-21 所示。

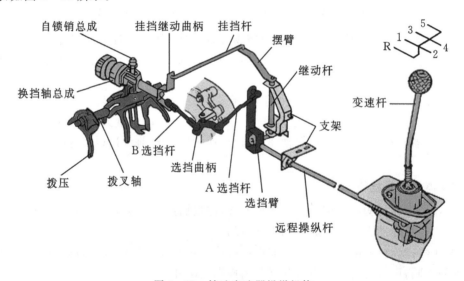

图 3-21　捷达变速器操纵机构

② 定位锁止装置。要使变速器操纵机构准确可靠地工作，应防止变速器自动换挡和自动脱挡；还应防止变速器同时挂入两个挡位；再能防止变速器误挂倒挡。因此，在操纵机构中应设有自锁装置、互锁装置和倒挡锁装置。

自锁装置的功用是对各挡拨叉轴进行轴向定位锁止，以防止其自动产生轴向移动而造成自动挂挡或自动脱挡，并保证各挡传动齿轮以全齿长啮合。

互锁装置的功用是阻止两个拨叉轴同时移动,防止同时挂入两个挡位。避免因同时啮合的两挡齿轮其传动比不同而互相卡住,造成运动干涉甚至造成零件损坏。

互锁装置的结构样式很多,最常用的有锁球式、锁销式和转动钳口式互锁装置。

图 3-22 所示为捷达轿车的自锁和互锁装置,其通过装配在变速器壳体上的自锁销总成进行自锁。选挡指通过内花键套在换挡轴的外花键部位,并由弹性挡圈轴向限位。换挡指可插入拨叉上部的凹槽内,在换挡指对面的换挡套部位加工有三道键槽,在空挡时,自锁销在自锁弹簧的作用下压靠在中间的键槽内;挂挡位时,拨叉轴先轴向移动带动换挡指进入相应的拨叉凹槽内,再转动换挡指拨动拨叉及接合套轴向移动进入相应挡位,此时换挡套的转动使自锁销顶起,并压入到左(或右)侧的键槽内;如果要想退挡,须在一定的外力作用下转动换挡套,克服自锁弹簧的弹力作用,把锁销顶起,重新对正中间凹槽(空挡位置)。所以,自锁销总成起到了一定的定位锁止作用。

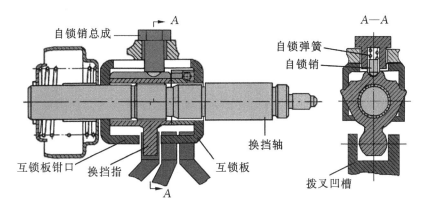

图 3-22 钳口式互锁装置及换挡轴周向转动定位自锁装置

如图 3-22 所示,捷达变速器互锁装置采用的是钳口式互锁,换挡指置于互锁板钳口中,互锁板套装在选挡换挡轴上,并可绕轴转动。换挡时,驾驶员先完成选挡,即变速杆通过操纵机构带动换挡轴、互锁板和换挡指轴向移动,使互锁板的钳口对正相应挡位的拨叉凹槽,而其他挡位的拨叉凹槽即被互锁板挡住,从而换挡指只能拨动钳口所对正的相应挡位的拨叉,起到可靠的互锁作用。

3.4 驱动桥的结构和工作原理

一、实训目的和要求

1. 正确描述驱动桥的功用、组成;
2. 熟练掌握单级主减速器的构造和原理;
3. 熟练掌握差速器的工作原理及构造。

二、实训注意事项

1. 禁止穿拖鞋进入实训室,女同学的长发一定要盘起;

2.拆装驱动桥时注意螺栓的松、紧顺序。

三、实训设备

1.后驱轿车驱动桥3台；
2.前驱主减速器差速器及前桥3台。

四、实训学时及分组情况

1.学时：2学时；
2.分组情况：5~6名同学一组。

五、知识准备

1.驱动桥的组成、功用及类型

（1）驱动桥组成　驱动桥是传动系的最后一个总成。它由主减速器、差速器、半轴和桥壳等组成。万向传动装置传来的动力依次经主减速器、差速器和半轴最后传给驱动轮。

（2）驱动桥的功用　驱动桥的功用是将万向传动装置输入的动力经降速增矩和改变动力传递方向后，分配到左右驱动轮，使汽车行驶，并允许左右驱动轮以不同的转速旋转而驱动汽车行驶。

（3）驱动桥的类型　按结构不同，驱动桥分为整体式驱动桥和断开式驱动桥两种。整体式驱动桥采用非独立悬架。其驱动桥壳为一刚性的整体，驱动桥两端通过悬架与车架连接，左右半轴始终在一条直线上，即左右驱动桥不能相互独立地跳动。当某一侧车轮因地面升高或下降时，整个驱动桥及车身都要随之发生倾斜。断开式驱动桥采用独立悬架，其主减速器固定在车架上，驱动桥壳分段制成并用铰链连接，半轴也分段并用万向节连接。驱动桥两端分别用悬架与车架连接，这样两侧的驱动轮及桥壳可以彼此独立地相对于车架上下跳动。

现在，汽车断开式驱动桥都省去了桥壳，如图3-23所示。主减速器1与驱动轮5之间通过摆臂6铰链连接，半轴2分段并用万向节相连接。

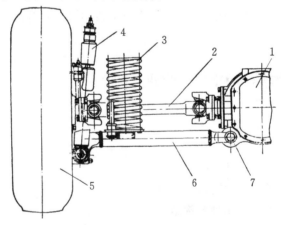

1—主减速器；2—半轴；3—弹性元件；4—减振器；5—驱动轮；6—摆臂；7—摆臂轴
图3-23　断开式驱动桥的构造

发动机前置前轮驱动轿车的驱动桥,将变速器、主减速器和差速器均安装于一个三件组合的外壳(常称为变速器壳)之内。这样传动系的体积有效地减少,由于取消了贯穿前后的传动轴,简化结构,使轿车自重减轻,且动力直接传给前轮,提高了传动效率,如捷达轿车前驱动桥。

2. 主减速器的功用和类型

(1)主减速器的功用 主减速器的功用是将输入的转矩增大并相应降低转速,以及当发动机纵置时还具有改变转矩旋转方向的作用。

(2)主减速器的类型 主减速器按参加减速传动的齿轮副数目分,有单级主减速器和双级主减速器。

主减速器按主减速器传动比挡数分,有单速式和双速式。前者的传动比是固定的,后者有两个传动比供驾驶员选择,以适应不同行驶条件的需要。

主减速器按齿轮副结构形式分,有圆柱齿轮式(又可分为定轴轮系和行星轮系)主减速器和圆锥齿轮式主减速器。

3. 单级主减速器

目前,轿车和一般轻、中型货车均采用单级主减速器,它具有结构简单、体积小、质量轻和传动效率高等优点,还可满足汽车动力性的要求。

如图3-24所示,前驱单级主减速器由一对大小不等的圆柱斜齿轮互相啮合构成。小齿轮为主减速器主动齿轮,它与变速器输出轴制成一体。大齿轮由铆钉(或螺栓)与差速器外壳连在一起,并靠差速器轴承支撑于离合器壳体内,如图3-24所示。

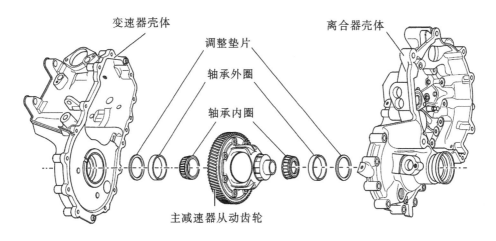

图3-24 主减速器从动斜齿轮在壳体内的装配图

因为斜齿轮在传动的过程中,会产生轴向载荷,所以要用圆锥滚子轴承支撑两个齿轮。圆锥滚子轴承一般都是成对使用,装配时应使其具有一定的预紧度,形成相当的预紧力,抑制齿轮在传动过程中因轴向力而引起的轴向位移,提高轴的支撑刚度,保证了齿轮副的正确啮合。但轴承预紧度又不能过大,否则摩擦和磨损增大,传动效率低。为此,设有轴承预紧度的调整装置。如捷达轿车采用的主减速器的主动轴(即变速器的输出轴)上两个圆锥滚子轴承的预紧度由装配在离合器壳体内的调整垫片来调整。增加垫片的厚度,轴承预紧度增大,反之,轴承预紧度减小。支撑差速器壳的一对圆锥滚子轴承的预紧度则是通过装配在两侧的调整垫片来调整的。增加调整垫片,轴承预紧度增加,反之,轴承预紧度减小。

4. 差速器的功用和类型

汽车转向时(图3-25),内外两侧车轮中心在同一时间内移动过的曲线距离显然不相等,外侧车轮移过的距离大于内侧车轮。对于驱动轮来说,驱动桥上两侧的车轮用一根刚性转轴连接,两车轮只能以相同的转速转动,转向时,内侧车轮必然是边滚动边滑转,外侧车轮必然是边滚动边滑移,因而导致驱动车轮与地面之间不能作纯滚动。

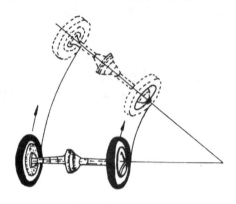

图3-25 汽车转向时驱动轮运动示意图

同样,即使汽车直线行驶,由于路面不平或诸多因素造成的轮胎有效半径不相等,都会使两侧车轮实际移过的距离不相等,从而产生上述滑转和滑移现象。车轮相对于地面的滑转和滑移,不仅会加速轮胎的磨损,而且还会增加汽车的功率损耗和燃料消耗,并导致转向困难、制动性能恶化和行驶稳定性差等结果。为了消除以上不良现象,保证驱动轮与地面作纯滚动,必须将两侧车轮的驱动轴分成两段,即左半轴和右半轴,并在其间设差速器,这种装在同一驱动桥两侧驱动轮之间的差速器称为轮间差速器。

此外,多桥驱动的汽车各驱动桥之间也同样存在上述驱动车轮相对于地面的滑转和滑移现象。为此,有些汽车在驱动桥之间也装有差速器,称为轴间差速器。

(1)差速器的功用 是将主减速器传来的动力传给左、右两半轴,并在必要时允许左、右半轴以不同转速旋转,以满足两侧驱动轮差速的需要。

(2)差速器的分类 无论是轮间差速器还是轴间差速器,按其工作特性均可分为普通齿轮式差速器和防滑差速器两大类。普通齿轮式差速器有锥齿轮式和圆柱齿轮式两种。防滑差速器有人工强制锁止式和自锁式两大类。

(3)普通差速器的构造与工作原理

①普通差速器的构造。图3-26所示为上海桑塔纳轿车差速器。轿车上,因传递的转矩较小,故用两个行星齿轮,相应的行星齿轮轴为一根直轴。差速器壳为一整体框架结构。行星齿轮轴装入差速器壳后用止动销定位。半轴齿轮背面也制成球面,其背面的推力垫片与行星齿轮背面的推力垫片制成一个整体,称为复合式推力垫片。螺纹套用来紧固半轴齿轮。

②普通差速器工作原理。图3-27所示为行星锥齿轮差速器的运动原理图。差速器壳是主动件,其与行星齿轮轴连成一体并由主减速器从动齿轮带动一起转动,设其转速为n_0。半

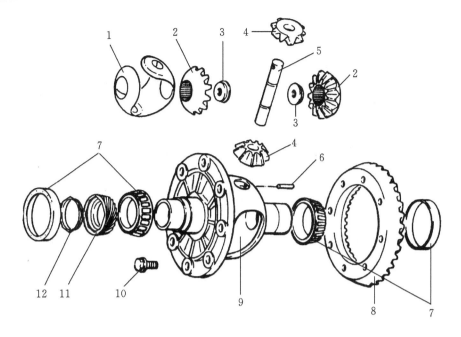

1—复合式推力垫片;2—半轴齿轮;3—螺纹套;4—行星齿轮;5—行星齿轮轴;6—止动销;
7—圆锥滚子轴承;8—主减速器从动锥齿轮;9—差速器壳;10—螺栓;11—车速表齿轮锁紧套筒

图 3-26 上海桑塔纳轿车差速器

轴齿轮 1 和 2 为从动件,设其转速分别为 n_1 和 n_2,A、B 两点分别为行星齿轮与半轴齿轮 1 和 2 的啮合点,C 点为行星齿轮的中心。A、B、C 点到差速器旋转轴线的距离 r 相等。

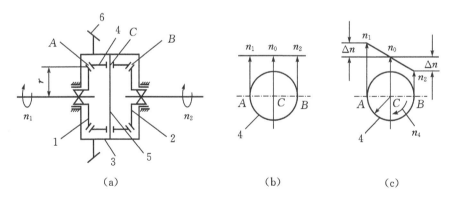

1,2—半轴齿轮;3—差速器壳;4—行星齿轮;5—行星齿轮轴;6—主减速器从动齿轮

图 3-27 差速器运动原理

(a)差速器结构简图;(b)直线行驶时;(c)转弯时

当两侧驱动轮没有滑转和滑移趋势,即两侧车轮转速相等,汽车直线行驶时两侧车轮所受的行驶阻力相等,通过半轴及半轴齿轮反作用于行星齿轮两啮合点 A、B 的力也相等。这时行星齿轮相当于一个等臂的杠杆保持平衡,即行星齿轮不自转。而只能随行星齿轮轴及差速器壳一起公转。所以,两半轴无转速差,如图 3-27(b)所示,差速器不起差速作用。即 $n_1 = n_2 = n_0$,且 $n_1 + n_2 = 2n_0$。

当两侧车轮有滑转和滑移趋势时,两侧车轮所受的行驶阻力不再相等,通过半轴及半轴齿轮反作用于行星齿轮两啮合点的力也不相等。这样,将破坏行星齿轮的平衡,即行星齿轮除了随差速器壳一起公转外,还要绕行星齿轮轴自转。设其自转速度为 n_4,方向如图 3-27(c)所示,半轴齿轮 1 的转速加快,半轴齿轮 2 的转速减慢。因 $AC=CB$,所以半轴齿轮 1 转速的增加值等于半轴齿轮 2 转速的减小值。设半轴齿轮转速的增减值为 Δn,则两半轴的转速分别为:$n_1=n_0+\Delta n$,$n_2=n_0-\Delta n$。这就是差速器的差速作用。即汽车在转弯或其他情况下行驶,两侧车轮有滑转和滑移趋势时,行星齿轮即发生自转,借行星齿轮的自转,使两侧车轮以不同的转速在地面上滚动。显然此时仍有 $n_1+n_2=2n_0$。

上式即为行星锥齿轮差速器的运动特性方程式。它表明,差速器无论差速与否,两半轴齿轮转速之和始终等于差速器壳转速的两倍,而与行星齿轮自转速度无关。

由此得知当任何一侧半轴齿轮的转速为零时,另一侧半轴齿轮的转速为差速器壳转速的两倍;当差速器壳转速为零时,若一侧半轴齿轮受其他外来力矩而转动,则另一侧半轴齿轮即可以相同的转速反向转动。

图 3-28 所示为行星锥齿轮差速器的转矩分配示意图,设主减速器传至差速器壳的转矩为 M_0,经行星齿轮轴和行星齿轮传给两半轴齿轮,两半轴齿轮的转矩分别为 M_1 和 M_2。

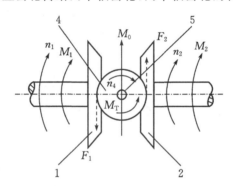

1,2—半轴齿轮;3—差速器壳(图中未画出);4—行星齿轮;5—行星齿轮轴

图 3-28 差速器转矩分配示意图

当行星齿轮不自转时,即 $n_4=0$,$M_T=0$(M_T 为行星齿轮自转时,其内孔和背面所受的摩擦力矩),行星齿轮相当于一个等臂杠杆,均衡拨动两半轴齿轮转动。所以,差速器将转矩 M_0 平均分配给两半轴齿轮,即 $M_1=M_2=M_0/2$。

当行星齿轮按图 3-28 中 n_4 方向自转时(即 $n_1>n_2$),行星齿轮所受的摩擦力矩 M_T 与其自转方向相反,从而使行星齿轮分别对半轴齿轮 1、2 附加作用了大小相等而方向相反的圆周力 F_1 和 F_2,F_1 使传到转得快的半轴齿轮 1 上的转矩减小,而却使传到慢的半轴齿轮 2 上的转矩增加,且 M_1 的减小值等于 M_2 的增加值,等于 $M_0/2$。所以,当两侧驱动轮存在差速时($n_1>n_2$),$M_1=(M_0-M_T)/2$,$M_2=(M_0+M_T)/2$。即转得慢的车轮分配到的转矩大于转得快的车轮分配到的转矩,差值为差速器内部摩擦力矩 M_T,由于 M_T 很小,可忽略不计。则 $M_1=M_2=M_0/2$。可见,无论差速器差速与否,行星齿轮差速器都具有等量分配的特性。

上述普通锥齿轮差速器转矩等量分配的特性对于汽车在良好的路面上行驶是有利的,但如果汽车在不好的路面上行驶是会严重影响其通过能力。当汽车的一个驱动轮处于泥泞的路面因附着力小而打滑时,即使另一个车轮处于附着力大的路面上未滑转,此时附着力小的路面只能对驱动轮作用一个很小的反作用力矩。由于差速器等量分配转矩特性,此时附着力大的驱动轮也只能同样分配小的转矩,导致总的驱动力不足以克服行驶阻力,因此汽车便陷入泥泞的路中不能行驶。为此有的汽车上安装防滑差速器,防滑差速器有手动机械式防滑差速器和电子控制式防滑差速器两大类。

3.5 万向传动装置的结构和工作原理

一、实训目的和要求

1. 了解汽车的万向传动装置组成,认识汽车万向传动装置外部可见的零部件;
2. 熟练掌握万向传动装置的功用;
3. 熟练掌握万向节的类型和构造;
4. 熟练掌握不同类型的汽车万向传动装置的布置形式及装配特点。

二、实训注意事项

1. 禁止穿拖鞋进入实训室,女同学的长发一定要盘起;
2. 万向传动装置应轻拿轻放。

三、实训设备

球笼式万向节,十字轴式万向节,传动轴。

四、实训学时及分组情况

1. 学时:2学时;
2. 分组情况:5~6名同学一组。

五、实训操作指导

1. 万向传动装置的功用及组成

(1) 功用 万向传动装置的功用是指能在轴间夹角及相互位置经常发生变化的转轴之间传递动力。

(2) 组成 万向传动装置主要由万向节和传动轴组成。对传动距离较远的分段式传动轴,为了提高传动轴的刚度,还要加装中间支承。

2. 万向传动装置在汽车上的应用

万向传动装置在汽车上的应用主要包括6个方面,如图3-29所示。

① 变速器与驱动桥之间距离较远,应将传动轴分成两段甚至多段,并加设中间支承,传动轴之间用万向节进行连接,如图3-29(a)所示。

②多轴驱动汽车的变速器与分动器之间,分动器与驱动桥之间或驱动桥与驱动桥之间均需采用万向传动装置,如图3-29(b)所示。

③发动机与变速器的距离较远,在车辆运动过程中两者的轴线会发生偏移,因此不能刚性连接,需要采用万向传动装置进行连接,如图3-29(c)所示。

④采用独立悬架的汽车的车轮轴线与差速器输出轴之间存在相对运动,需采用万向传动装置进行连接,如图3-29(d)所示。

⑤万向传动装置还应用在非独立悬架转向驱动桥与车轮之间,如图3-29(e)所示。

⑥在汽车转向盘转轴和转向器之间也需采用万向传动装置进行连接,如图3-29(f)所示。

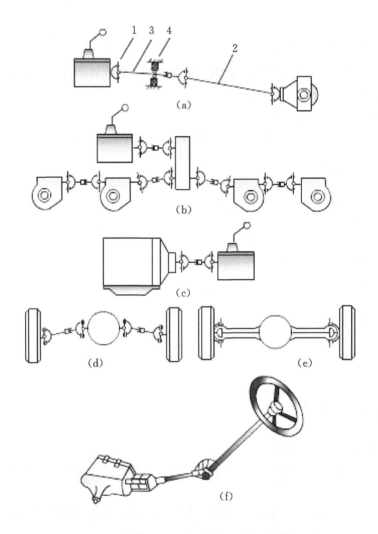

1—万向节;2,3—传动轴;4—中间支撑

图3-29 万向传动装置在汽车上的应用

(a)传动轴与传动轴之间;(b)变速器与分动器之间、分动器与驱动器之间;
(c)发动机与变速器之间;(d)独立悬架驱动桥与车轮之间;
(e)非独立悬架转向驱动桥与车轮之间;(f)转向轴与转向器之间

3. 万向节

万向节按其速度特性分为普通万向节、等速万向节;按其刚度大小可分为刚性万向节和挠性万向节。

(1)普通十字轴式万向节

①普通十字轴式万向节的构造。如图3-30所示,普通万向节(十字轴式刚性万向节)叉上的孔分别套在十字轴的4个轴颈上。在十字轴轴颈与万向节叉孔之间装有滚针轴承和套筒,用卡簧定位。为了润滑轴承,十字轴上一般安有注油嘴并有油路通向轴颈,润滑油可从注油嘴注到十字轴轴颈的滚针轴承处。

②普通十字轴式万向节的特点。十字轴式刚性万向节允许相邻两轴的最大交角在15°~20°,并具有结构简单、传动效率高的优点,但在两轴夹角α不为零的情况下,不能实现等角速度转动。

③普通十字轴式万向节的应用。目前,普通万向节(十字轴式刚性万向节)在汽车中应用比较广泛,如丰田皇冠轿车的变速器与驱动桥之间的万向节即采用十字轴式万向节。

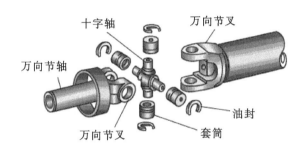

图3-30 十字轴式万向节

(2)球笼式等速万向节 球笼式等速万向节按其内、外滚道的结构不同又可分为球笼式钟形万向节、球笼式双补偿万向节和伸缩型万向节等。其中,球笼式钟形万向节内、外滚道为轴向不可相对移动的,常用于外球笼;球笼式双补偿万向节和伸缩型万向节内、外滚道为轴向可相对移动的,常用于内球笼。

①球笼式钟形万向节。球笼式钟形万向节能够等速传动,是因为作为传力点的钢球总是在两轴夹角的平分线上。其结构如图3-31所示,球笼内球面可沿星形套外球面滑动,而外球面可沿钟形壳的内球面滑动,即星形套的外球面、球笼的内外球面、球形壳的内球面共心,且此中心在六个传力钢球由球笼所保持的平面内,形成了万向节的中心O。但是内、外滚道采用渐缩式的结构形式,使各自的曲率中心与球笼的球心不再重合,它们分别在万向节中心的两侧,交内外半轴轴线于A、B,且距中心O等距,即$OA=OB$。由于钢球与内外滚道接触时,其法线必定要通过其球心。在结构上,内外球槽半径之差为钢球直径。所以,外滚道的曲率半径与钢球半径之差等于内滚道的曲率半径与钢球半径之和,即$CA=CB$。则△CAO≌△CBO。可见,两轴相交任意夹角$α$时,传力钢球都位于交角的平分面上,此时钢球到主动轴和从动轴的距离a和b相等,从而保证了从动轴与主动轴以相等的角速度转动。

这种万向节允许在轴间最大交角为42°的情况下传递转矩,且在工作时,所有钢球全部传力。它承载能力大,磨损小,结构紧凑,拆装方便,因此运用非常广泛。

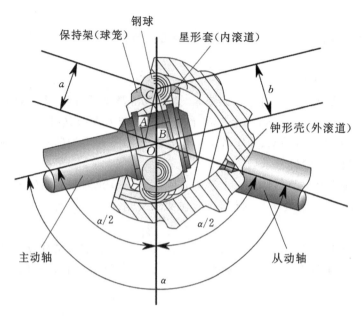

图 3-31 球笼式钟形万向节等角速传动原理

②球笼式双补偿万向节。球笼式双补偿万向节又称球笼式万向节的滑动式,如图 3-32 所示。万向节的外壳成筒形,其内部滚道为直槽,钢球可在槽内来回滚动。6 个钢球装在球笼中,球笼的内外表面都是球形,内球面的半径为 R_o、外球面的半径为 R_i,从图中可以看到,两球面不同心,它们的球心分别在 6 个传力钢球球心所决定平面的两侧,且左右距离相等。星形套用花键装在驱动轴上,星形套的滚道是直线。星形套的滚道外面为球面,它和球笼的内球面相配可相对转动。这样的结构可保证该万向节在任何时候,都能有一定的轴向移动,而且传力钢球总处于两轴相交的角平分面上作等速传动。

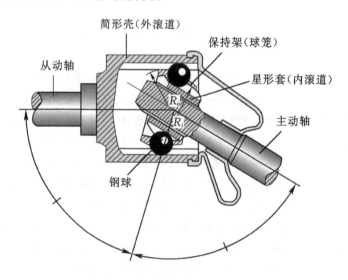

图 3-32 球笼式双补偿万向节

由于这种万向节能轴向相对移动,因此可省去万向传动装置中的伸缩节,使结构简化,且轴向位移是通过钢球沿内外滚道的滚动来实现的,与滑动花键相比,滚动阻力小,磨损轻,寿命长。该万向节的最大夹角为22°,适合于装在前置前驱动汽车的动力总成传动轴内端。

③球笼式伸缩型万向节。球笼式伸缩型万向节在轴向上内、外滚道也是可以相对移动的,如图3-33筒形壳万向节部分所示。其内、外滚道为圆筒形,圆筒中心线(滚道中心线)不与轴线平行,而是以相同的角度相对于轴线倾斜,而且同一零件上相邻的两条滚道的斜方向相反,即成"V"形。装合后,同一轴向位置处内、外滚道的倾斜方向正好相反,即对称交叉,而钢球则处于内、外滚道的交叉部位。当主动轴(内半轴)与从动轴(中半轴)以任意角度相交时,由于内外滚道及球笼的控制作用,使所有传动钢球(6个)都位于轴间交角的平分面上,从而实现等角速传动。

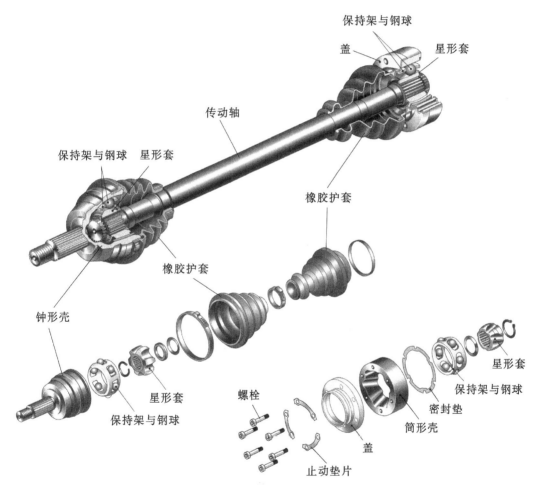

图3-33 球笼式万向节及传动轴

伸缩型球笼式万向节的内、外滚道是直槽的,在传递转矩过程中,星形套可在筒形壳内沿轴向移动量达45 mm,能起到滑动花键的作用,使万向传动装置结构简化。

3.6 悬架的结构和工作原理

一、实训目的和要求

1. 了解行驶系的组成;
2. 熟练掌握被动悬架的组成和各组成部分的作用;
3. 了解电控悬架的组成及简单工作原理。

二、实训注意事项

1. 在车下进行作业之前,一定要确保汽车已经以正确、安全的方式进行了支承;
2. 要注意使电子控制单元免受碰撞和敲击。

三、实训设备

普通轿车 3 辆,电控悬架轿车 3 辆。

四、实训学时及分组情况

1. 学时:2 学时;
2. 分组情况:5～6 名同学一组。

五、知识准备

1. 悬架的功用与组成

悬架是车架(或承载式车身)与车桥(或车轮)之间的所有传力连接装置的总称。

(1)悬架的功用　把路面与车轮之间的摩擦所产生的驱动力和制动力,传递到车架(或承载式车身)上,保证汽车的正常行驶;利用弹性元件和减振器吸收各种摇摆和振动,保障乘客和货物的安全;利用悬架的某些传力杆件使车轮按一定轨迹相对于车架或车身跳动,即起导向作用,保证各部件处于适当的几何位置;利用悬架中的辅助弹性元件横向稳定器,防止车身在转向等行驶情况下发生过大的侧向倾斜。

(2)悬架各主要部件的作用　悬架一般由弹性元件、导向装置、减振器和横向稳定杆等组成,如图 3-34 所示。

①弹性元件:承受和传递垂直载荷,缓冲并抑制不平路面所引起的冲击。
②减振器:加快振动的衰减,使车身和车轮的振动得以控制。
③导向装置:传递纵向力、侧向力及其力矩,并保证车轮有正确的运动关系。
④横向稳定杆:用以阻止车身在不平路面上行驶或转向时发生过大的横向倾斜。

(3)悬架系统的组成　悬架系统包括弹簧、减振器、稳定杆、球头销、控制臂和垫片、转向节及轮轴等零部件。这些零部件装配起来组成完整的悬架,保证驾驶的安全性和舒适性。

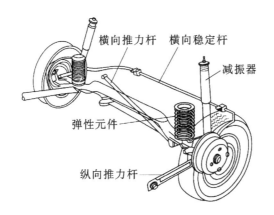

图3-34 悬架组成示意图

2. 悬架的分类

(1) 按左右车轮关联程度分 悬架结构与车轮运动关系密切,根据汽车左右两侧车轮的运动是否相互关联,基本上可分为两个大类。

① 非独立悬架。非独立悬架如图3-35(a)所示,其结构特点是汽车两侧车轮安装在一根整体式车轴的两端。一侧车轮上下跳动,必然会影响另一侧车轮定位参数(主要是车轮外倾)的改变,但车轮轮距不会变动。非独立悬架通常总和非断开式车桥联系在一起,又称整体桥悬架或刚性悬架。

② 独立悬架。独立悬架如图3-35(b)所示,左右两侧车轮之间没有刚性的车轴,车轮独自通过悬架的弹性元件和导向杆件与车架相连。在左右车轮的运动关系上,一侧车轮跳动对另一侧车轮的定位参数不产生影响,因此称为独立悬架。

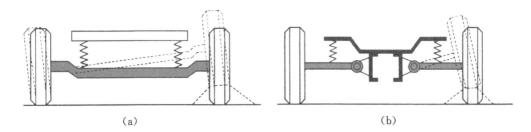

图3-35 非独立悬架与独立悬架
(a)非独立悬架;(b)独立悬架

(2) 按控制形式分 根据对悬架性能控制状况的不同,汽车悬架又可分为两大类:被动式悬架和主动式悬架。

① 被动式悬架。被动式悬架是指汽车悬架的刚度和阻尼事先确定,汽车在行驶中无法依据路面状况随时调节这些参数以获得最佳性能。被动式悬架目前为绝大多数汽车上所采用。

② 主动式悬架。主动式悬架可以根据路面和行驶工况动态地自适应调节悬架的性能,使悬架系统始终保持在最佳状态。该系统通常由传感器、控制单元、执行机构组成。

3. 典型被动式悬架

(1)螺旋弹簧式非独立悬架　螺旋弹簧、空气弹簧和油气弹簧,它们的工作特性不完全一样,但有一共同之处,即只能承受垂直载荷,因此在用它们作弹性元件时,都需要有专门的传力杆件以传递纵向力、侧向力及有关力矩。图3-36所示为典型的螺旋弹簧式非独立悬架(后悬架),这种非独立悬架一般只用作轿车的后悬架。如一汽生产的红旗 CA 7220 轿车的后悬架采用的即为此种结构。

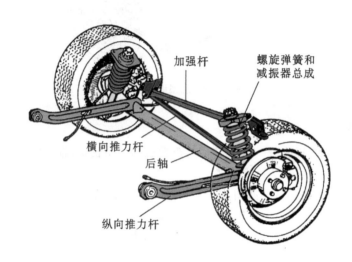

图3-36　螺旋弹簧非独立悬架

螺旋弹簧上端装在车身上支座中,下端装在纵向下推力杆上。由于螺旋弹簧只能承受垂直载荷,所以必须设置导向装置(图中纵向推力杆、横向推力导杆)来承受并传递纵向力和横向力。纵向推力杆的一端与车身铰接,另一端则与后桥铰接,其作用是传递驱动力、制动力等纵向力及其力矩。当车轮行驶中因路面颠簸而上下跳动时,纵向推力杆可绕其与车身的铰接点作上下纵向摆动。

横向推力导杆的一端与车身铰接,另一端与后桥铰接,以传递车身到车轮的横向力,如汽车转向时的离心力等。当后桥跳动时,横向推力导杆依靠铰接头可作上下横向摆动。为了避免车身和后桥在横向产生过大的相对位移,要求横向推力导杆与后桥之间的空间夹角尽可能小,即横向推力导杆与后桥尽可能保持平行。加强杆的作用是把通过车桥传来的横向力同时分配给另一侧车身,使车身受力更均衡。

老款桑塔纳、捷达轿车的后悬架就采用了纵臂扭转梁式复合悬架。悬架的弹性元件为螺旋弹簧,如图3-37所示。该悬架有一根V形(或U形)断面的整体横梁(板厚为6 mm),它相当于后车轴体,在车轴体两端焊接上变截面的管状纵臂形成一个整体构架(后轴体)。在纵臂的前端通过后轴体支架与车身作铰式连接,后轴体支架内部实际为橡胶—金属支承,纵臂的后端与轮毂、减振器相连。

当汽车行驶时,车轮连同后轴体相对车身以支点为圆心作上下跳动。扭力横梁将把来自车身上的侧向力传递给车轮,当两侧悬架变形不等时,后轴体的V形断面横梁会发生扭转变形,因该横梁有较大的扭转弹性,故它可起横向稳定器的作用。这里要指出的是,纵臂扭转梁

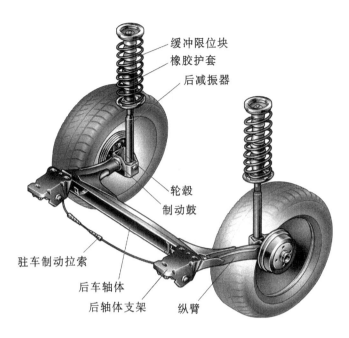

图 3-37 纵臂扭转梁式半独立悬架

式复合悬架并不像普通带有整体轴的非独立悬架那样会一侧车轮的跳动完全影响另一侧车轮,但还是有一定程度的影响。从严格意义上来说,该悬架属于非独立悬架,但两车轮间的相关程度又稍弱一些,故又有人认为它是半独立悬架。

(2) 麦弗逊式独立悬架 麦弗逊式悬架也称滑柱连杆式悬架,它是由滑动立柱和横摆臂组成的。它是以国外汽车公司的工程师 Macpherson 的名字命名的。

图 3-38 所示为捷达轿车的麦弗逊式前独立悬架。筒式减振器的外面为滑动立柱(筒体),悬架横摆臂的内端通过铰链与车身相连,其外端通过球铰链与转向节相连。减振器的上端通过减振器内的柱塞连杆上的带轴承的隔振块总成(可看作减振器的上铰链点)与车身上的车轮翼子板相连,减振器的下端由外面的滑动立柱与转向节固定连接在一起。当车轮上下跳动时,减振器的下支点要随横摆臂摆动,同时减振器的滑动立柱要沿活塞连杆上下移动。该悬架的优点是增大了两前轮内侧的空间,便于发动机和其他一些部件的布置。

在前置发动机前轮驱动的汽车上,当发动机横向布置时,发动机舱内部需要有足够的横向空间,特别是采用双横杆独立悬架要缩短其上臂长度,缩至极限就成为麦弗逊式悬架。从运动学的角度来看,麦氏悬架可看作双横臂悬架的变形。麦弗逊式悬架将部分导向机构和减振器集成在一起,简化了结构,减轻了重量。作为前悬架,其主销轴线不是筒式减振器的轴线,而是由减振器上球铰中心与横摆臂外端的铰链中心的连线构成,所以也属于无主销结构。正因球铰中心的外移,主销接地距可较小,甚至成为负值。

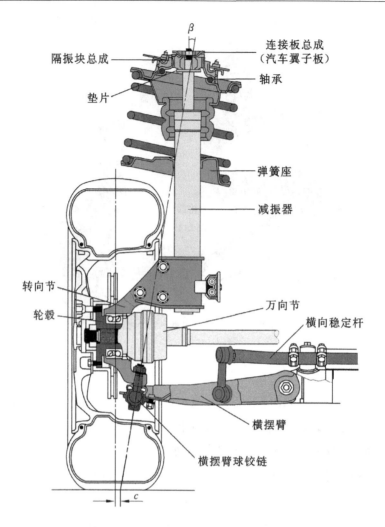

c—主销轴线延长线与地面交点和轮胎中心线与地面交点之间距离

图 3-38 麦弗逊式独立悬架

麦弗逊式悬架是目前前置前驱动轿车和某些轻型客车首选的较好的悬架结构形式。例如,国产的桑塔纳、高尔夫、奥迪 100、红旗 CA7220 型和爱丽舍以及如图 3-39 所示的宝马 7 系高级轿车的前悬架。

(3) 多连杆式独立悬架　独立悬架中多采用螺旋弹簧,对于侧向力及纵向力需加设导向装置即采用杆件来承受和传递,因而一些轿车上为减轻车重和简化结构采用多连杆式独立悬架。这种悬架是双横臂式独立悬架的改进。

通过多连杆可以增加约束条件,减少车轮的自由度,从而减少车轮在跳动过程中的定位参数的变化。因此多连杆悬架系统应用范围越来越广。

①多连杆悬架的优点。可以自由独立地确定主销偏移距,减小因径向载荷引起的干扰力和力矩;很好地控制了在制动和加速期间车的纵向点头运动;有利于控制车轮的前束、外倾和轮距宽度变化,因此具有良好操纵稳定性;可有效地降低轮胎的磨损,延长其使用寿命;从弹性

图 3-39 宝马 E65 的前悬架

运动学角度来看,在侧向力和纵向力条件下前束角的改变以及行驶舒适性都能得到精确的控制;由于车轮受力点分散,因此连杆可以做得较细小,从而减轻了质量。

图 3-40 为雪铁龙 C5 轿车后悬架。该悬架为多连杆机构,可调整前束,减少了非常规驾驶造成的磨损。多连杆机构具有很好的韧性,车身不易变形,操控性强。

②多连杆悬架的缺点。由于连杆和衬套增多,导致费用增加,悬架运动过程中过约束的可能性增加。因此,在车轮垂直和纵向运动过程中衬套必须变形,对于相关的几何体位置和衬套硬度公差也要求较高。

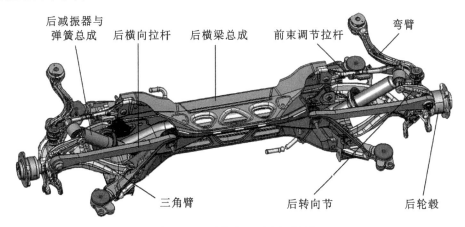

图 3-40 雪铁龙 C5 轿车后悬架

4. 电控悬架

(1)电控悬架的功用

①弹簧弹性系数(刚度)与阻尼系数(减振力)的控制。

②高度调整功能。

(2)电控悬架的工作原理 电控悬架的传感器包括车高传感器、车速传感器、节气门位置传感器、转向传感器和制动开关、停车灯开关、车门开关等,这些传感器将相关信号转变成电信号传给电控单元,电控单元通过运算处理,控制空气弹簧等执行器进行适应性调节,保持车辆的平顺性和操纵稳定性。空气压缩机产生的压缩空气送入空气弹簧的空气室中,ECU 根据汽车高度的信号控制压缩机和排气阀充气或排气,使空气弹簧伸长或压缩而控制车辆高度。同时 ECU 根据车速、转向、加速、制动、车高等信号,通过控制阀改变空气弹簧主、副气室间的流通面积,进行弹簧刚度的调节,并通过控制减振器中的旋转阀,通、断油孔改变节流孔的数量,使阀体中减振液的流通快慢发生变化,从而改变减振器的阻尼系数。

(3)典型的电控悬架的控制逻辑 丰田的 TEMS(TOYOTA Electronic Modulated Suspension 的英文缩写)系统采用的是主动式空气悬架,我们以它为例阐述电控悬架的控制逻辑,其组成如图 3-41 所示。该系统对车高、弹簧刚度和减振器阻尼力可同时控制,且各自可以取三种数值——软(低)、中、硬(高),其所取数值由电子控制单元根据当时的运行条件和驾驶员选定的控制方式决定。驾驶员可以通过安装在中间操纵盒内的选择器开关,选择想要的控制模式:NORMAL(标准)——常规值自动控制;SPORT(运动)——高值自动控制。

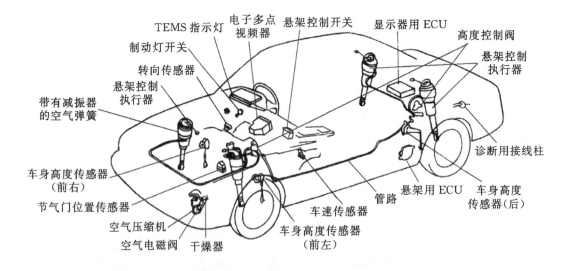

图 3-41 主动式空气悬架的构成

利用弹簧刚度/减振器阻尼力进行控制如下。

①抗后坐。通过传感器检测油门踏板移动速度和位移。当车速低于 20 km/h 且加速度大时(急起步加速),ECU 通过执行器将弹簧刚度和减振器阻尼力调到高值,从而抵抗汽车起步时车身后坐。如果此时驾驶员选择了"常规值自动控制"状态,则弹簧刚度和减振器阻尼力由软调至硬;如果此时驾驶员选择了"高值自动控制"状态,则刚度和阻尼力由中调至硬。

②抗侧倾。由装于转向轴的光电式转向传感器检测转向盘的操作状况。在急转弯时,ECU 通过执行器使弹簧刚度和减振器阻尼力转换到高(硬)值,以抵抗车身侧倾。

③抗"点头"。在车速高于 60 km/h 时紧急制动,ECU 通过执行器使弹簧刚度和减振器阻尼力调到高(硬)值。

④高速感应。当车速大于110 km/h时,系统将使弹簧刚度和减振器阻尼力调至中间值,从而提高高速行驶时的操纵稳定性。即使驾驶员选择了"常规值自动控制"状态(刚度和阻尼处于低、软值),系统也会将刚度和阻尼力调至中间值。

⑤前、后关联控制。车速在30~80 km/h范围内时,若前轮车高传感器检测出路面有小凸起(例如前轮通过混凝土路面接缝等),则在后轮越过该凸起之前,系统将使弹簧刚度和减振器阻尼力调至低(软)值,从而提高汽车乘坐的舒适性。此时即使驾驶员选择了高速行驶状态(刚度和阻尼力为中间值),系统仍将刚度和阻尼力调至低(软)值。为了不影响高速时的操纵稳定性,这种动作在车速80 km/h以下才发生。

⑥坏路、俯仰、振动感应。当车速在40~100 km/h范围内时,前轮车高传感器检测出路面有较大凸起时(例如汽车通过损坏的铺砌路面等),系统将弹簧刚度和减振器阻尼力调至中间值,以抑制车体的前后颠簸、振动等大动作,从而提高汽车的乘坐舒适性和通过性。车速高于100 km/h时,系统将使刚度和阻尼力调至高(硬)值。

⑦良好路面正常行驶。弹簧刚度和减振器阻尼力由驾驶员选择"常规值自动控制"状态,则刚度和阻尼力处于低(软)值;选择"高值自动控制"状态,则刚度和阻尼力为中间值。

利用车身高度控制如下:

车身高度控制是在汽车行驶车速和路面变化时,悬架ECU对执行元件输出控制信号,控制调节车身的高度,以确保汽车行驶的稳定性和通过性。

①高速感应。当车速高于90 km/h时,则需将车身高度降低一级,以减小风阻,提高行驶稳定性。如果驾驶员选择了"常规值自动控制"状态,则车身高度值由中间值(标准值)调至低值;如果驾驶员选择了"高值自动控制"状态,则车高由高值调至中间值(标准值)。在车速为60 km/h时,车高恢复原状。

②连续不良路面感应。汽车在不良路面上连续行驶,车高信号持续2.5 s以上,且超过规定值时,再将车高升高一级,使来自路面的突然抬起感减弱,并提高汽车的通过性能。

连续在不良路面行驶,且车速在40~90 km/h时,不论驾驶员选择了何种控制状态,都将车高调至高值,以减小路面不平感,确保足够的离地间隙,提高乘坐舒适性。

车速小于40 km/h时,车高则完全由驾驶员选择,选择"常规值自动控制"时,车高为中间值(标准值);选择"高值自动控制"时,车高为高值。

在连续坏路面上,车速高于90 km/h时,不管驾驶员选择了何种控制状态,车高都将调至中间值,这样做是为了避免车身过高对高速行驶稳定性产生不利影响。

当汽车处于驻车状态时,为了使车身外观平衡,保持良好的驻车姿势,在点火开关断开后,ECU即发出指令,使车身高度处于常规模式的低状态。

3.7 双向作用筒式减振器的结构和工作原理

一、实训目的和要求

1. 熟悉双向作用筒式减振器的结构;
2. 熟练掌握双向作用筒式减振器的工作原理。

二、实训注意事项

1. 禁止穿拖鞋进入实训室,女同学的长头发一定要盘起;
2. 减振器的各阀及附属件都很小,注意不要丢失。

三、实训设备

双向作用筒式减振器 6 个。

四、实训学时及分组情况

1. 学时:2 学时;
2. 分组情况:5～6 名同学一组。

五、知识准备

汽车在行驶中 4 个车轮在垂直方向上会受到不同力的作用,悬架系统中的弹性元件受冲击会相应产生振动,因此需要在悬架中与弹性元件并联安装减振器,以衰减振动,提高汽车行驶的平顺性。

汽车悬架系统中通常采用液力减振器,其工作原理是当车架(或车身)与车桥(或车轮)间受振动出现相对运动时,减振器内的活塞上下移动,减振器内的油液便反复地从一个腔经过不同的空隙流入另一个腔内。此时,孔壁与油液间的摩擦和油液分子间的内摩擦消耗了振动的能量,而对振动形成阻尼力,使汽车振动能量转化为油液热能,再由减振器吸收散发到大气中。弹性元件与减振器承担着缓冲和减振的任务,若阻尼力过大,振动衰减变得过快,使悬架的弹性元件的缓冲作用变差,甚至使减振器连接件及车架损坏。为解决弹性元件与减振器之间的这一矛盾,对减振器提出如下要求。

①在悬架压缩行程中(车桥和车架相互靠近),减振器阻尼力应较小,以便充分发挥弹性元件的弹性作用,缓和冲击。这时,弹性元件起主要作用。

②在悬架伸张行程中(车桥和车架相互远离),减振器阻尼力应较大,此时减振器起主要作用。

③当车架(或车身)与车桥(或车轮)间的相对运动速度过大时,要求减振器能自动加大流液量,使阻尼力始终保持在一定限度之内,以避免车架或车身承受过大的冲击载荷。

在汽车悬架系统中广泛采用的液力减振器是筒式减振器,由于其在压缩和伸张行程中均能起减振作用,因此又称为双向作用筒式减振器。

1. 双向作用筒式减振器结构

双向作用筒式减振器结构如图 3-42 所示,外面的钢筒(橡胶筒)是防尘罩,上部有一圈环与车架(车身)连接。中间的钢筒是储油缸,内部装有一定量的减振器油,下部有一圈环与车桥相连。最里面的钢筒是工作缸,内部装满减振器油。在工作缸的内部,通过与防尘罩和上部圆环制成一体的活塞杆,其底端固定着活塞。活塞上装有伸张阀和流通阀,在工作缸的下部底座上装有压缩阀和补偿阀。为了使减振器能够满足工作要求,流通阀和补偿阀的弹簧相对比较软,较小的油压便可以打开或关闭。而压缩阀和伸张阀的弹簧相对比较硬,只有当油压增大到一定的程度时,才能打开,而只要油压稍有下降,阀门立刻关闭。

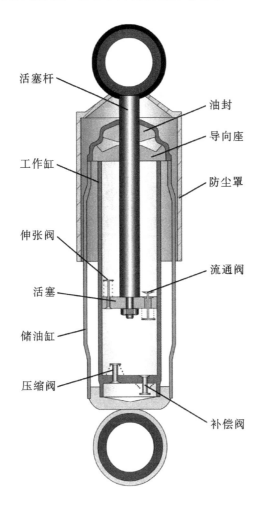

图 3-42 双向作用筒式减振器

2.双向作用筒式减振器的工作原理

压缩行程时,此时减振器被压缩,汽车车轮移近车身,减振器内的活塞向下移动,下腔的容积减小,油压升高。大部分油液冲开流通阀流入上腔,由于上腔被活塞杆占去了一部分空间,因而上腔增加的容积小于下腔减小的容积,于是另一部分油液就推开压缩阀,流回到储油缸内。油液通过阀孔时,所形成的节流作用就产生了对悬架受压缩运动的阻尼作用。

伸张行程时,减振器受拉伸,车轮远离车身,这时减振器的活塞向上移动,上腔油压升高,流通阀被关闭,上腔内的油液压开伸张阀流入下腔。由于活塞杆的存在,自上腔流来的油液不足以充满下腔增加的容积,促使下腔产生一定的真空度,这时储油缸中的油液推开补偿阀流进下腔进行补充。这些阀的节流就对悬架在伸张运动时起到阻尼作用。

由于伸张阀弹簧的刚度和预紧力设计的原因,在同样力的作用下,伸张阀及相应的常通缝隙通道的截面积总和少于压缩阀及相应常通缝隙通道的截面积总和,这使得减振器伸张行程产生的阻尼力大于压缩行程时产生的阻尼力,从而达到迅速减振的要求。

3.8 汽车转向系统的结构和工作原理

一、实训目的和要求

1. 熟悉转向系的组成和各部分的作用;
2. 熟练掌握液压助力式转向系结构的工作原理;
3. 熟练掌握电子助力式转向系的结构与工作原理。

二、实训注意事项

1. 电子元件要注意免受碰撞和敲击;
2. 转向助力泵的叶片较小,注意不要丢失。

三、实训设备

1. 液压助力式转向系总成 3 套;
2. 电子助力式转向系总成 3 套。

四、实训学时及分组情况

1. 学时:4 学时;
2. 分组情况:5~6 名同学一组。

五、知识准备

1. 汽车转向系组成及分类

(1)汽车转向系组成　汽车转向系一般都是由转向操纵机构、转向器和转向传动机构三个基本部分组成,如图 3-43 所示。

转向操纵机构是驾驶员操纵转向器的工作机构,主要由转向盘、转向轴、转向柱管等组成。

转向器是将转向盘的转动变为转向摇臂的摆动或齿条轴的直线往复运动,并对转向操纵力进行放大的一种特殊的减速机构。转向器固定在汽车车架或车身上,转向操纵力通过转向器后一般还会改变运动方向。

转向传动机构是将转向器输出的力和运动传递给车轮(转向节),并使左右车轮按照一定的关系进行偏转的机构。

(2)汽车转向系分类

①汽车转向系按动力源的不同,分为机械转向系和动力转向系两大类。机械式转向系完全以驾驶员的体力(手力)作为转向能源,驾驶员需要对方向盘施加较大的力才能转动方向盘实现转向。动力转向系是兼用驾驶员体力和发动机动力(或蓄电池的电力)为转向动力的转向系。它是在机械转向系的基础上加设一套转向动力装置面形成的。

②动力转向系统按控制方式的不同,可分为液压式动力转向系统和电子控制动力转向系统。液压式的转向系统,按液流形式,分为常压式和常流式两种,其中液压常流式动力转向系统应用广泛;按控件阀阀芯的运动方式,分为滑阀式和转阀式两种。有些高级轿车还采用了四

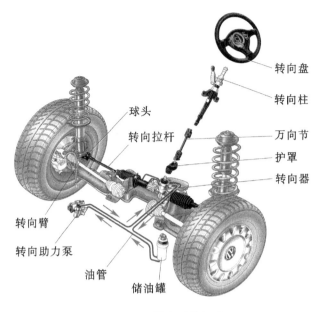

图 3-43 转向系的组成

轮转向系统,它可以让汽车的前轮和后轮同时发生偏转。在汽车低速行驶时,前轮和后轮的偏转方向相反,可提高汽车转向灵敏性;高速行驶时,前轮和后轮的偏转方向相同,可提高汽车操纵稳定性。

2. 典型汽车转向系

(1)齿轮齿条液压动力转向系统

①齿轮齿条液压动力转向系统结构。转阀式液压动力转向系统是在齿轮齿条式机械转向器的基础上加装了转阀式转向控制阀、转向动力缸、转向油罐、叶片式转向油泵、进回油管等部件,如图 3-44 所示。其中转阀式转向控制阀主要由扭杆、阀芯、阀体等部件组成,如图 3-45

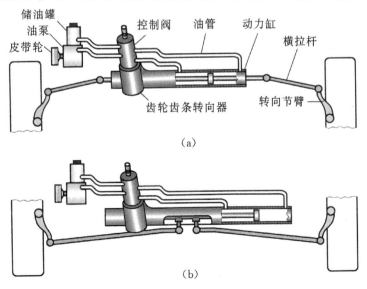

图 3-44 齿轮齿条液压动力转向系统示意图

所示。扭杆是在扭矩作用下产生可弹性变形的杆件,它从中空的阀芯中穿过,上端部通过销钉与阀芯上端的花键部分(连转向轴)连接,下端与小齿轮刚性连接。阀体下部又以销轴与小齿轮刚性连接,阀体呈圆筒形,其外圆柱表面开有七道环槽,其中四个较窄且浅的是密封环槽,三个较宽且深的是油槽,油环槽和密封环槽相间布置。油环槽底部开有与内壁相通的油孔,中间油环槽的油孔较大,是进油通道,两侧油环槽的油孔较小,分别与动力缸的左右腔相通。阀体内表面内壁开有6个(有的是8个或10个)不贯通的纵向凹槽。阀芯也制成圆筒形,其外圆表面和阀体滑动配合,在扭杆发生扭转变形时,阀芯与阀体能相对转动。阀体和阀芯的配合间隙很小,配合精度高,维修时不可单独更换。阀芯的外表面也开有6个纵向不贯通的凹槽,凹槽底部开有回油孔。相对于凹槽,阀芯外表面没开凹槽的地方也就形成了6个凸肩,装配后,和阀体的6个纵向凹槽相对应,凸肩的宽度比阀体凹槽的宽度要小,因此每个凸肩左右与阀体纵向凹槽配合处都有间隙,这些间隙叫预开间隙。

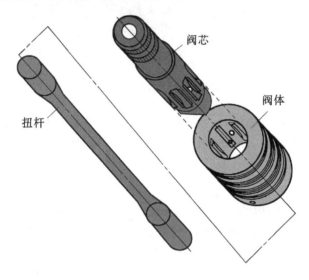

图 3-45 转阀式转向控制阀组成及结构

②阀式动力转向器的工作过程。当汽车直线行驶时,转阀处于中间位置,所有阀芯的凸肩和阀体的凹槽之间的预开间隙都相等,如图 3-46 所示。来自转向油泵的工作液向阀体的3个供油孔供油,油液通过两侧的预开间隙、阀芯的径向孔进入阀芯和扭杆之间的环形腔,流回储油罐。由于动力缸左、右腔都通过相等的预开间隙与储油罐相通,而处于开路状态,所以没有压力差,因此不产生助力作用。

当汽车转向时(假设向左转),转向盘带动转向轴转动,转向轴又带动阀芯转动,而阀芯通过销钉带动扭杆逆时针转动,如图 3-47 所示。因为扭杆下端和转向小齿轮刚性连接,即扭杆又要带动小齿轮逆时针转动。但由于转向阻力的存在,使扭杆与阀芯连接的上端和与小齿轮连接的下端出现相对扭转,就是上端相当于下端向前转过一个角度。而阀芯和扭杆上端同步运动,阀体通过销钉和小齿轮连在一起,即阀体和扭杆下端同步运动。因此阀芯相对于阀体向前转过一个角度。此时阀体进油口处通动力缸右腔的预开间隙被关闭,通左腔的预开间隙开度增大,与此同时,动力缸右腔通阀芯径向回油孔的预开间隙也增大,压力油压入动力缸左腔,使该腔压力升高(图中深色部分表示高油压,浅色部分表示低油压),活塞向伸出转向器方向移

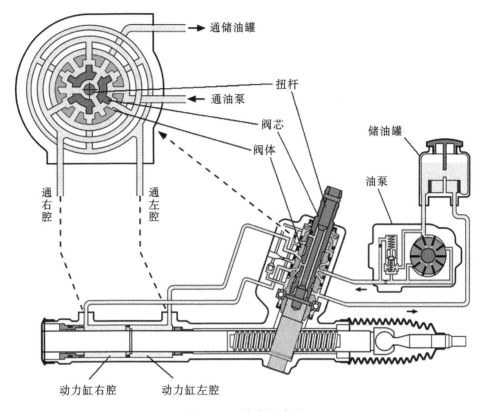

图 3-46 直线行驶时

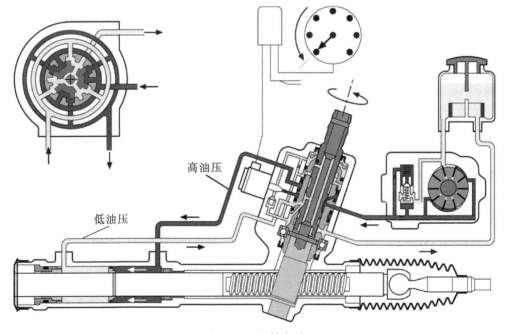

图 3-47 左转弯时

动,即将齿条推出转向器,这时起到了转向助力的作用,汽车向左转弯。动力缸右腔的油液被压出,通过阀体孔、阀芯径向回油孔、阀芯与扭杆间的间隙、回油道流回储油罐。同时小齿轮在齿条的带动下也逆时针转动,并带动和其刚性连接的阀体和扭杆下端一起转动,使扭杆变形量减小,即阀体和阀芯的相对角位移量减小。但是,只要转向盘继续转动,弹性扭杆的扭转变形便一直保持不变,阀体和阀芯之间的相对角位置也不变,转向助力作用就一直存在,转向轮将继续向左偏转。

当汽车右转弯时,助力原理和左转弯是一样的,只不过是各相关部件的运动方向同右转弯时相反,同学们可以自行分析。

当转向盘停在某一位置不再继续转动时,阀体随小齿轮在液压力和扭杆弹力的作用下,沿转向盘转动方向旋转一个角度,使之与阀芯的相对角位移量减小,左、右油缸油压差减小,但仍有一定的助力作用。此时的助力转矩与车轮的回正力矩相平衡,使车轮维持在某一转向位置上。

在转向过程中,转向盘转得愈快,弹性扭杆的扭转速度就愈快,阀芯相对于阀体产生角位移的速度也愈快,从而使动力缸左、右两腔产生的油压差的速度加快,转向轮偏转的速度也加相应加快。

由上述分析可知,转阀式动力转向装置能使转向轮偏转的角度随转向盘转角的增大而增大;随转向盘转动速度的加快而加快;转向盘停止转动并维持转角不动时,转向轮也随之停止偏转并维持偏转角不动,因而具有随动作用。在正常情况下,驾驶员操纵转向盘所提供的转向力矩主要用来使弹性扭杆产生扭转变形,以控制转向过程,而克服路面转向阻力及转向传动机构摩擦阻力使转向轮偏转所需要的动力则主要由转向动力缸提供。

若在前述维持转向的位置上松开转向盘,被扭转变形的弹性扭杆上端将顺时针方向自动转过一定的角度而自动恢复自由状态,转阀则在随之同向转动的扭杆带动下回复到中间位置,动力缸停止工作,转向轮在回正力矩作用下自动回正。如果需要液压加力,驾驶员可以回转转向盘,使动力转向装置帮助转向轮回正。

当汽车直线行驶偶遇外界冲击力使转向轮发生偏转时,冲击力通过转向传动机构、齿轮齿条转向器、阀体下部销钉作用在阀体上,使之与阀芯之间产生相对角位移,这样使动力缸左、右腔油压不等,产生了与转向轮转向相反的助力作用。在此力的作用下,转向轮迅速回正,保证了汽车直线行驶的稳定性。助力装置减小了因转向轮的摆振而引起的方向盘的摆动,有效地避免了转向盘"打手"现象,因此,助力装置也起到了减振器的作用。

如图 3-48 所示,路面不平产生一个 F_A 力,该力作用在前车轮上,并使前轮绕旋转中心 D 转动。由此产生作用在齿条上的作用力 F_Z,该力导致小齿轮和扭杆发生扭转,即阀体相对于阀芯相对转动,转动效果与汽车左转弯转动方向盘时,阀芯相对阀体的转动效果一样。于是通往动力缸右腔的供油口被打开,动力缸左腔与回油口相接,左右两腔产生油压差 F_R,活塞和齿条上的反作用力 F_R 会平衡掉 F_Z,从而可防止方向盘转动。

在转向过程中,动力缸中的油液压力是随转向阻力而变化的。而动力缸中油压的变化又受控于弹性扭杆的扭转变形量:转向阻力增大,弹性扭杆的扭转变形量也增大,阀芯相对于阀体的角位移量增大,从而使动力缸中油压升高;反之则动力缸中油压降低。显然,弹性扭杆的扭转变形量取决于转向阻力的大小。在此过程中,弹性扭杆因扭转变形而产生的反作用力(与转向阻力成递增函数关系)传到转向盘上,使驾驶员能感觉到转向阻力的变化情况,所以这种

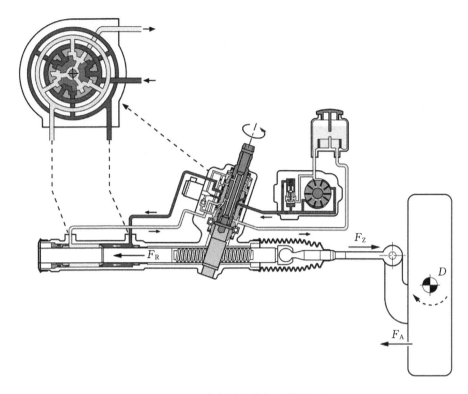

图 3-48 直行转向轮偶遇外力时

转阀式动力转向装置具有"路感"作用。

一旦液压助力装置失效，该动力转向器即变成机械转向器。此时若转动转向盘带动阀芯转动，同时通过扭杆带动阀套和小齿轮转动，以保证汽车转向，这时的动力转向器将变为机械转向器，转向变得沉重，转向盘自由行程增大。

为了保护扭杆不使其过载，在阀芯和阀套上有限位机构。当阀芯相对阀套转过一个小角度（一般为5°～6°）后，限位机构即起作用，由阀芯直接带动转向齿轮旋转（扭杆不再进一步产生扭转变形）。常用的限位结构形式如图3-49所示，图3-49(a)所示的限位机构中，阀芯下端伸出的两个凸起插在阀套的两个缺口中限位；图3-49(b)所示的限位机构中，阀芯下端的菱形部分插在阀套中间的凹陷部位；在图3-49(c)、(d)所示的机构中，则分别利用花键和凸台对阀芯转动进行限位。

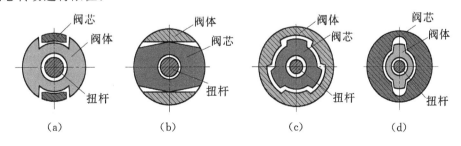

图 3-49 阀芯、阀体限位结构形式
(a)凸起限位；(b)斜面限位；(c)花键限位；(d)凸台限位

(2) 电动式电控动力转向系统　电动式电控动力转向系统是一种直接依靠电动机提供辅助转矩的动力转向系统,可根据不同的使用工况控制电动机提供不同的辅助动力。图3-50所示为电动式EPS系统组成示意图,转向轴上装有转向角传感器和转向力矩传感器,电控单元根据来自电子车速表(或ABS控制器)的车速信号及转向角、转矩传感器的输出信号,判断驾驶员的操纵意图,从而控制电动机电流的大小和方向,使其输出适当的转矩。电动机产生的转矩通过减速器(通常为蜗轮蜗杆机构)直接施加在转向轴(或转向齿轮、齿条轴)上。驾驶员的转向操舵力矩和电动机的助力矩共同克服转向阻力矩,使车轮偏转。车速低,电动机助力大,转向操纵轻便;车速高,电动机助力减少,甚至产生阻力矩,转向操纵变沉。

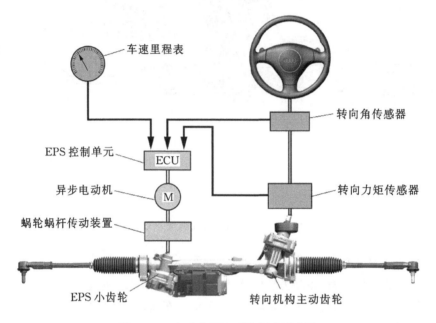

图3-50　电动式EPS系统组成示意图

按汽车前轴负荷的不同,电动式EPS系统电机的安装位置有不同的方案,如图3-51所示。前轴负荷较轻(<650 kgf)时,电机减速器总成通常安装在转向轴上,称为转向轴助力式EPS(C-EPS)系统;前轴负荷稍重(650～1200 kgf)时,电机减速器总成通常安装在转向齿轮上,称为转向齿轮助力式EPS(P-EPS)系统;前轴负荷大于1200 kgf时电机减速器总成通常安装在齿条轴上,称为齿条轴助力式EPS(R-EPS)系统,这种安装形式有的是电机做成空心

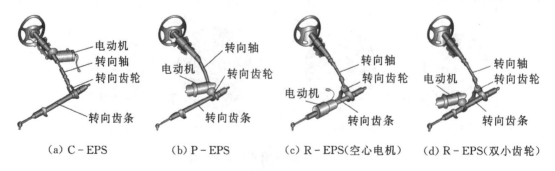

(a) C-EPS　　　(b) P-EPS　　　(c) R-EPS(空心电机)　　　(d) R-EPS(双小齿轮)

图3-51　电动式EPS系统电机的不同安装位置图

的(又称空心电机式),齿条轴从中心穿过,以螺杆螺母的传动形式传力,如本田雅阁。有的是电机安在齿条壳体的外面,通过小齿轮驱动齿条(又称双小齿轮式),如一汽大众速腾。目前,受车载蓄电池的限制,EPS电机的功率不能太大(<500W),因此EPS在商用车上的应用受到限制。

电动式EPS系统工作原理如下。

电动式EPS系统是利用直流电动机作为动力源,ECU根据各传感器提供的信号,控制电动机所知的大小和方向,其工作原理框图如图3-52所示。

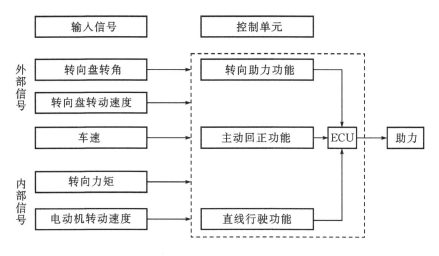

图3-52 电动式EPS工作原理图

①转向助力原理。当转动转向盘时,装在转向轴上转角传感器、转矩传感器不断地测出转向轴的转角、转矩信号,并与车速信号等同时输入到ECU。ECU根据这些输入信号,确定助力转矩的大小和方向,即选定电动机的旋转方向和助力电流的大小,并将指令传递给电动机,通过离合器和减速机构减速增扭后将辅助动力施加到转向系统中,从而得到一个与工况相适应的转向助力力矩。此力矩与驾驶员施加在方向盘上的力矩叠加在一起形成最终促动转向轮偏摆的有效力矩。

②主动回正原理。由于车轮定位参数的原因,转向后在转向轮上会产生一个回位力,但是由于转向系统内部各铰接点及车轮和地面之间的摩擦,这个回位力不足以将车轮转到直线行驶位置。而电动式EPS的ECU会根据转向力矩、车速、发动机转速、转向角度、转向速度和存储在ECU中的特性曲线图,计算出回位所需要的力矩,启动电机,带动车轮回到直线行驶位置。

③直线行驶功能。它是主动回正功能的一个扩展,当车辆行驶过程中,受到客观因素(如侧向风力、车在倾斜路面上的侧向分力等)影响,而使车轮偏摆,则电动式EPS的ECU会根据转向力矩、车速、发动机转速、转向角度、转向速度和存储在ECU中的特性曲线图计算出直线行驶校正所需要的力矩,启动电机,带动车轮回到直线行驶位置。因此,司机不需要时刻进行行驶方向校正,从而减轻了疲劳强度。

电动式EPS系统主要构件的结构原理如下。

①转角传感器。转角传感器安装在转向柱上的转向开关与方向盘之间,与安全气囊时钟

弹簧集成为一体,其实物如图3-53所示。

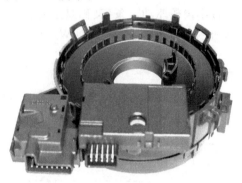

图3-53 转角传感器实物图

转角传感器的作用是检测转向盘的转动角度和转动速度,是电动助力的依据之一。该传感器由转子、发光二极管、光敏二极管和放大器等组成。其工作原理如图3-54所示,发光二极管作为信号源,光敏二极管作为接收源。随着转子转动,当透光孔与发光二极管对正时,光线照射到光敏二极管上产生高电位,经放大电路放大后输送给ECU,如图3-54(a)所示。当透光孔与发光二极管错开时,光线不能照射到光敏二极管上,光敏二极管无电压信号输出,产生低电位输送给ECU,如图3-54(b)所示。如此反复,即形成图3-54(c)所示方波信号,并通过CAN总线将该信号传递给转向柱电控单元,经过分析处理后的方向盘转角信号、转角速度信号传递给转向助控制单元,结合转向力矩传感器、车速传感器信号、电动机转动速度信号进行处理,从而适时调整转向助力大小。

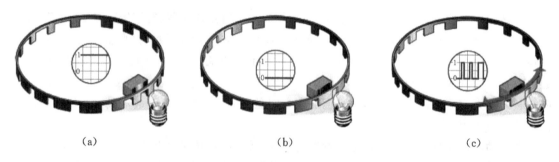

图3-54 转角传感器工作原理图
(a)光敏元件导通;(b)光敏元件截止;(c)信号盘连续转动

当发现信号失效时,故障指示灯常亮,启动应急程序,用一个替代值取代这个信号,电子助力转向依然起作用。

②转向力矩传感器。电动EPS系统中的转向力矩传感器多为电位计式、滑动变压器式或电磁式。它们的共同特点是都采用扭杆作为弹性元件,扭杆的上端与输入轴固连,下端与输出轴固连。通过检测扭杆两端的相对转角来检测作用在其上的转矩,即转向盘与转向器之间的相对转矩,是电动助力的控制依据之一。

图3-55所示为电磁式转向力矩传感器实物图,磁性转子和转向柱连接块为一体,磁阻传感元件和转向小齿轮连接块为一体。磁性转子由24个不同的磁极区交替排列组成,每次用两

个磁极来估算力矩。当转动方向盘时,转向柱连接块和转向小齿轮连接块相对周向运动,即磁性转子和磁阻传感元件相对周向运动,发生磁场变化,在磁阻传感元件两端产生电位差。通过测量磁阻传感元件两端的电位差值,转向力(矩)的大小可以被测量出来,其工作原理图如图3-56所示。

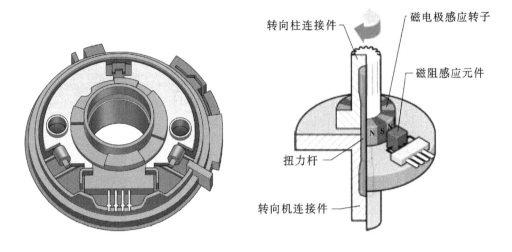

图3-55 转向力矩传感器实物图　　图3-56 转向力矩传感器原理图

如果信号失效,转向助力系统将关闭,但并不是马上关闭,而是通过一个柔和的逐步的过程。在此过程中,故障指示灯呈红色亮起。转向助力的大小是由控制单元通过电动机转子速度和方向盘转角等信号计算出的值所代替的。

③转向电动机。转向电动机是无刷式异步伺服电动机,具有无扭矩波动、低噪声、抗泥污、无额外摩擦、较宽的转速范围和较广的温度范围等优点,其结构图如图3-57所示,它通过蜗轮蜗杆机构和一个传动小齿轮与齿条啮合,蜗轮与EPS小齿轮通过摇摆减振器连接。电动机里面还有转子转速传感器,电控单元用此来确定转向速度,从而实现对电动机进行精确控制,这个传感器若是出现故障,则指示灯呈红色亮起。

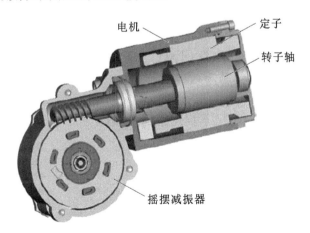

图3-57 带减速机构的转向电动机结构图

转向电动机需要正反转控制，图3-58所示为一种比较简单适用的控制电路，为触发信号端。当a_1端得到输入信号时，三极管VT_3导通，VT_2得到基极电流而导通，电流经VT_2、电动机M、VT_3、搭铁而构成回路，于是电动机正转。当a_2端得到输入信号时，电流则经VT_1、电动机M、VT_4、搭铁而构成回路，电动机则因电流方向相反而反转。控制触发信号端电流的大小，就可以控制通过电动机电流的大小。

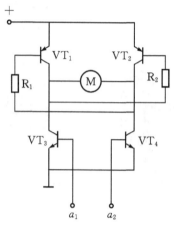

图3-58 转向电动机电路图

异步电机有一个优点：在不通电的情况下，转向机仍可使电机转动。也就是说，即使该电机出现故障（无转向助力了），那么只需稍微再多用点力仍可转动转向装置，而不会锁止。此时，故障灯会呈红色亮起。

④转向助力控制单元。转向助力控制单元与转向电机固定连接在一起，出现故障后整体更换。控制单元内集成有温度传感器，用于转向系统的温度。若温度超过100℃，电动助力转向功能会逐渐降低，当降低到60%，警告灯呈黄色亮起，同时有故障记忆。

动式EPS系统主要优缺点如下。

①优点。效率高、能量消耗少；系统内部采用刚性连接，反应灵敏，滞后小，驾驶员的"路感"好；结构简单，质量小；系统便于集成，整体尺寸减小；省去了油泵和辅助管路。

②缺点。直接助力式电动转向系统提供的辅助动力较小，难以用于大型车辆；减速机构、电动机等部件会影响汽车的操纵稳定性，正确匹配整车性能至关重要；电动机、减速机构和转矩传感器等部件，会使系统的成本增加。

3.9 汽车制动系统的结构和工作原理

一、实训目的和要求

1. 熟悉制动系的组成和各部分的作用；
2. 熟练掌握盘式车轮制动器的结构和工作原理；
3. 熟练掌握双腔串联制动主缸的结构和工作原理；
4. 熟练掌握真空助力器的结构和工作原理；

5. 熟练掌握 ABS 的结构和工作原理。

二、实训注意事项

1. 禁止穿拖鞋进入实训室,女同学的长头发一定要盘起;
2. 制动主缸的零件较小,注意不要丢失;
3. 真空助力器和 ABS 系统总成要轻拿轻放。

三、实训设备

1. 鼓式车轮制动器和盘式车轮制动器各 3 套;
2. 双腔串联制动主缸 3 个;
3. 真空助力器 3 个;
4. ABS 系统总成 3 套。

四、实训学时及分组情况

1. 学时:8 学时;
2. 分组情况:5～6 名同学一组。

五、知识准备

1. 制动系的功用

①它可使行驶中的汽车强制减速甚至停车。在汽车进入弯道、行驶在不平道路、两车交会或是突遇障碍物、有碰撞行人和其他车辆的危险时,要在尽可能短的时间内将车速降低,甚至停车。

②它可使下坡行驶的汽车速度保持稳定,以保证行车的安全。汽车在下长坡时,在重力产生的下滑力的作用下,汽车车速不断加快,此时应将车速限定在安全值内,并保持车速相对稳定。

③使已停驶的汽车在各种道路条件下(包括在坡道上)稳定驻车,以防溜车。

2. 制动系的分类

(1)按制动系的功用分类

①行车制动装置。它是使行驶中的汽车减低速度甚至停车的一套专门装置。主要由车轮制动器和制动传动机构组成,俗称脚制动。

②驻车制动装置。它是使已停驶的汽车驻留原地不动的一套装置。坡道起步、行车制动效能失效后临时使用或配合行车制动器进行紧急制动,俗称手制动。

③第二制动装置。它是在行车制动系失效的情况下保证汽车仍能实现减速或停车的一套装置。在许多国家的汽车安全法规中规定,第二制动系也是汽车必须具备的。

④辅助制动装置。它是在汽车下长坡时用以稳定车速的一套装置。

(2)按制动能量的传输方式分类 制动系可分为机械式、液压式、气压式和电磁式等。本书主要介绍液压式制动系。

3. 制动系的组成及工作原理

(1)制动系的组成 任何制动系都由以下四部分组成。

①供能装置。包括供给、调节制动所需能量以及改善传能介质状态的各种部件。其中产生制动能量的部分称为制动能源,人的肌体也可作为制动能源。

②控制装置。包括产生制动动作和控制制动效果的各种部件,如制动踏板、制动阀等。

③传动装置。包括将制动能量传输到制动器的各个部件,如制动主缸和制动轮缸等。

④制动器。产生制动摩擦力矩的部件。

较为完善的制动系还具有制动力调节装置(ABS)、报警装置、压力保护装置等附加装置。轿车常用的前盘后鼓式的液压制动系统如图3-59所示。

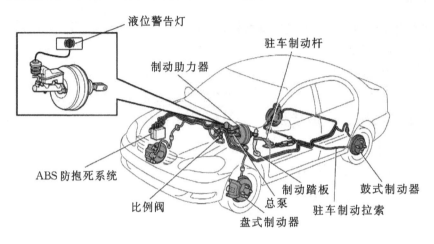

图3-59 制动系的组成

(2)制动系的工作原理 制动系利用摩擦原理,借助摩擦力矩阻止车轮的转动或转动的趋势。行驶的汽车要实现减速、停车,必须借助路面强制对车轮产生与行驶方向相反的外力,此力为制动力。

如图3-60所示为一简单的液压制动系,主要由鼓式车轮制动器和液压传动机构组成。车轮制动器主要由旋转部分、固定部分和调整机构组成。旋转部分是制动鼓,固定部分包括制动蹄和制动底板,调整机构由偏心支承销和调整凸轮组成用于调整蹄鼓间隙。制动传动机构主要由制动踏板、推杆、制动主缸、制动轮缸和管路组成。

不制动时,制动鼓的内圆柱面与摩擦片之间保留一定的间隙,使制动鼓可以随车轮一起旋转。

制动时,驾驶员踩下制动踏板,推杆便推动制动主缸活塞,迫使制动油液经油管进入制动轮缸,油液压力使制动轮缸活塞克服复位弹簧的拉力推动制动蹄绕支撑销转动,上端向外张开,消除制动蹄与制动鼓之间的间隙后压紧在制动鼓上。这样不旋转的制动蹄摩擦片对旋转着的制动鼓就产生一个摩擦力矩 M_u,其方向与车轮旋转方向相反,其大小取决于制动轮缸活塞的张开力、制动蹄鼓间的摩擦系数及制动鼓和制动蹄的尺寸。制动鼓将力矩传至车轮,由于车轮与路面的附着作用,车轮即对路面作用一个向前的周向力 F_A,同时,路面也给车轮一个向后的切向反作用力 F_B,即车轮受到的路面制动力。各车轮所受路面制动力之和就是汽车受到的总制动力,它由车轮经车桥和悬架传递给车架及车身,迫使整个汽车产生一定的减速度,制动力愈大,减速度愈大。放松制动踏板,在复位弹簧作用下,制动蹄与制动鼓的间隙又得以恢复,从而解除制动。

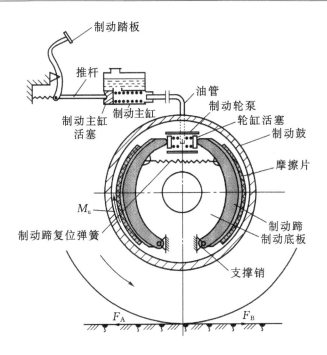

图 3-60 制动系工作原理

4. 浮钳盘式制动器

如图 3-61 所示为浮钳盘式制动器。制动钳壳体用螺栓与支架相连,螺栓同时兼作导向销,支架固定在前悬架总成轮毂轴承座凸缘上。壳体可沿导向销与支架作轴向相对移动。两制动块装在支架上,用保持弹簧卡住,使两制动块可以在支架上轴向移动,但不会上下窜动。

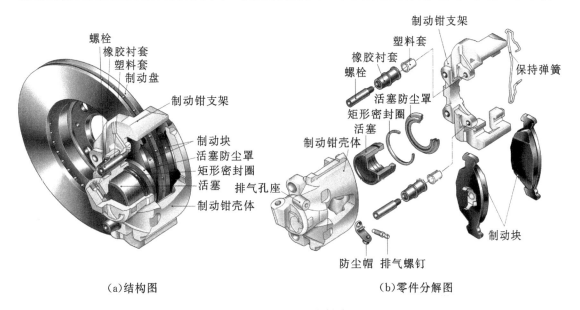

(a) 结构图　　　　(b) 零件分解图

图 3-61 浮钳盘式制动器

制动盘装在两制动块之间,并通过轮胎螺栓固定在轮毂上。制动块由无石棉的材料制成的摩擦衬块与钢制背板牢牢粘合而成。制动钳只在制动盘内侧设有油缸,制动时活塞在制动液压力作用下,推动内制动块压向制动盘内侧面,制动钳上的反力使制动钳壳体向内侧移动,从而带动外制动块压向制动盘外侧面。于是内、外摩擦块将制动盘的两端面紧紧夹住,实现了制动。

这种浮钳盘式制动器具有热稳定性和水稳定性好的优点,另外结构简单、造价低廉。浮钳的结构还有利于整个制动器靠近车轮轮辐布置,使转向主销的下端点外移,实现负的接地距(指主销延长线接地点在车轮接地点的外侧),提高汽车抗制动跑偏能力。

浮钳盘式制动器利用活塞矩形密封圈的弹性变形实现制动间隙的自动调整,其原理如图3-62所示。矩形密封圈嵌在制动钳油缸的矩形槽内,密封圈刃边与活塞外缘配合较紧,制动时刃边在摩擦作用下随活塞移动,使密封圈发生弹性变形,相应于极限摩擦力的密封圈极限变形量δ应等于制动器间隙为设定值时完全制动所需的活塞行程,如图3-62(a)所示。解除制动时,密封圈恢复变形,活塞在密封圈弹力作用下退回原位如图3-62(b)所示。当制动盘与摩擦衬块磨损后引起的制动间隙超过设定值时,在制动时活塞密封圈变形量达到极限值δ后,活塞仍可在液压作用下,克服密封圈的摩擦力而继续移动,直到实现完全制动为止。解除制动后,制动器间隙即恢复到设定值,因活塞密封圈将活塞拉回的距离仍然等于δ,所以活塞密封圈兼起活塞复位弹簧和一次调准式间隙自调装置的作用。

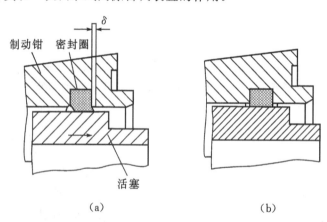

图3-62 盘式制动器制动间隙自动调整装置
(a)制动状态;(b)不制动状态

轿车制动器的制动盘有两种形式:实心式制动盘结构简单、加工方便、质量轻;通风式制动盘,它有更好的散热效果,能进一步提高热稳定性。

5. 制动主缸

制动主缸的作用是将踏板输入的机械能转换成液压能。制动主缸有的与储液室铸成一体,也有二者分别制造然后装合在一起或用油管连接的。按交通法规的要求,现代汽车的行车制动系都必须采用双回路制动系,因此液压制动系都采用串列双腔式制动主缸。目前国内轿车及大多数国外轿车都采用等径制动主缸,即制动主缸两腔的缸径相同。但少量国外轿车上装用了异径制动主缸,即制动主缸两腔的缸径不相等。

图 3-63 所示的是串列双腔等径制动主缸工作原理示意图。缸体呈筒形,内有两个活塞。第二活塞位于缸体的中间位置,将主缸分成左右两个工作腔,每个工作腔经各自的管路和前、后轮制动器的轮缸相连。工作腔上部又分别通过补偿孔和进油孔与储液室相通。第二活塞两端都承受弹簧力,当主缸不工作时,第二活塞处在正确的中间位置,即活塞位于补偿孔和进油孔之间。第一活塞在弹簧的作用下压靠在限位环上,此时第一活塞处于补偿孔和进油孔之间。每个活塞上都有轴向小孔,皮碗的端部通过垫片压在小孔的一侧,以便两腔建立油压并保证密封。

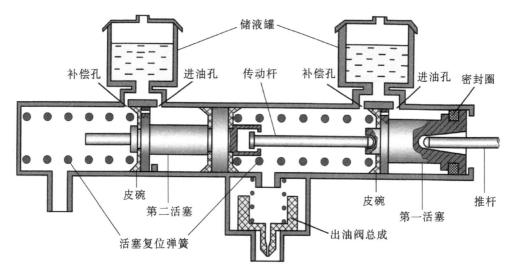

图 3-63 制动主缸工作原理示意图

踩下制动踏板时,真空助力器推动第一活塞左移,直到皮碗盖住补偿孔后,右工作腔(后腔)中液压升高。在右腔液压和弹簧的作用下,第二活塞向左移动,同第一活塞一样,当补偿孔被遮盖住时,左腔(前腔)压力也随之提高。当继续踩下制动踏板,左、右腔的液压继续升高,制动液通过出液口分别进入两条独立的制动管路,使轮缸中的液压升高,克服蹄鼓(或钳盘)间隙后,产生摩擦转矩,使汽车制动。

解除制动时,活塞在弹簧作用下复位,高压油液自制动管路流回制动主缸。如果活塞复位过快,则工作腔容积迅速增大,油压迅速降低,制动管路中的油液由于管路阻力的影响,来不及充分流回工作腔,使工作腔中形成一定的真空度,于是储液室中的油液便经进油口和活塞上的轴向小孔推开垫片及皮碗进入工作腔。当活塞完全复位时,补偿孔打开,制动管路中流入工作腔的多余油液经补偿孔流回储液室。

若与左腔连接的制动管路损坏而漏油,则在踩下制动踏板时只有右腔中能建立液压,左腔中无压力。此时在压差作用下,第二活塞迅速移到其前端顶到主缸缸体上。此后,右工作腔中液压方能升高到制动时所需的值。

若与右腔连接的制动管路损坏而漏油,在踩下制动踏板时,只能第一活塞前移,而不能推动第二活塞,因而右工作腔中不能建立液压。但在第一活塞直接顶触第二活塞时,第二活塞便前移,使左工作腔建立必要的液压而制动。

由上述可见,双回路液压制动系中任一回路失效时,制动主缸仍能工作,只是所需踏板行程加大,同时只有一半车轮产生制动力。所以汽车的制动距离增长时,制动效能降低。

6.真空助力器

(1)真空助力器的结构 如图 3-64 所示,真空助力器固定在车身上,借推杆与制动踏板连接。加力气室由前后壳体组成,其间夹装有膜片和膜片座,它的前腔 A 经止回阀与发动机进气管相通。后腔膜片座毂筒中装有控制阀,其中装有与制动踏板推杆铰接的空气阀和限位板,以及真空阀和推杆等零件。膜片座前端有制动主缸推杆,其间有传递脚感的橡胶反作用盘,橡胶反作用盘是两面受力,右面的中心部分要承受制动踏板推杆及空气阀的推力,盘边环型部分还要承受膜片座的推力,左面要承受制动主缸推杆传来的主缸液压反作用力。利用橡胶反作用盘的弹性变形来完成渐进随动任务,同时使脚无悬空感。

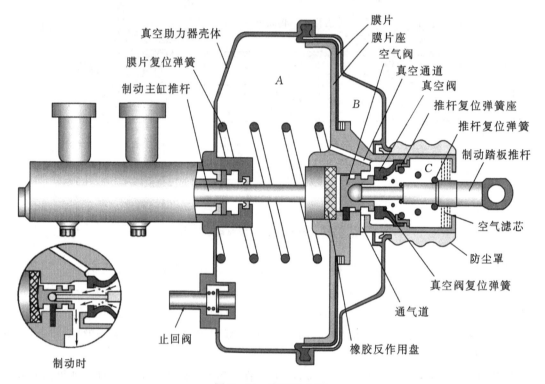

图 3-64 真空助力器

止回阀有两个功能:一是保证发动机熄火后可以有一次有效地助力制动;二是发动机偶尔回火时,保护真空加力气室的膜片免于损坏。

(2)真空助力器的工作原理

①不制动时,空气阀和踏板推杆在推杆复位弹簧的作用下离开反作用盘,回到膜片座毂筒的右端位置。橡胶真空阀因被压缩离开阀座(膜片座毂筒内端面)而开启,空气阀紧压真空阀而关闭。B 腔的真空通道开启,加力气室 A 腔和 B 腔都处于真空状态。

②制动时,踏板推杆连同空气阀向左移动,消除了与橡胶反作用盘的间隙后,压缩橡胶反作用盘中心部分产生凹陷变形,并推动主缸推杆向左移动,使制动主缸液压上升传入各轮缸,此力是驾驶员所给。与此同时,踏板推杆通过真空阀复位弹簧先将真空阀压向阀座而关闭,使 A 腔与 B 腔隔绝。进而空气阀与真空阀分离而开启,C 腔的空气经空气阀的开口和通气道进

入 B 腔。随着空气的进入,在加力气室膜片的两侧出现压力差而产生推力,此推力通过膜片座、橡胶反作用盘推动主缸推杆左移,此力为压力差所给。此时,主缸推杆上的作用力应为踏板力和加力气室压力差产生的推力的总和,但后者较前者大得多,使制动主缸输出的液压成数倍的增高。

③维持制动时,当踏板踩下并停止在某一位置时,踏板推杆和空气阀就停止推压橡胶反作用盘。由于膜片两边压力差是通过膜片座作用在橡胶反作用盘的边环部分,使盘中心凹下的部分又重新凸起变平,于是空气阀重新与真空阀接触而关闭,出现"双阀关闭"的平衡状态,助力作用就停止。此时,主缸作用在盘上的反作用力与踏板推杆和膜片座作用在盘上的推力相平衡。

橡胶反作用盘的变形特点是:中心部分先凹下,继而在边环部分助力,力图使盘变平;中心部分停止凹下,边环助力使盘变平。这样,轻踩小变形,重踩大变形,不踩不变形。不同的变形程度,对应不同的助力程度,就有不同的平衡状态。即盘的中心部分和边环部分的单位面积压力相等时才会变平,这是真空助力器的渐进随动原理。助力器的随动作用是一直保持到加力气室 B 腔的压力等于大气压力,此时助力即停止在定值状态。

④放松制动时,推杆复位弹簧将踏板推杆和空气阀推向右移,使真空阀离开阀座,加力气室 A、B 腔相通,成为真空状态。膜片和膜片座在膜片复位弹簧的作用下回位,主缸即解除制动。

真空助力器失效或真空管路无真空度时,踏板推杆将通过空气阀直接推动膜片座和主缸推杆移动,使主缸产生制动液压,但踏板力要大得多。

7. 车轮防抱死制动系统(Anti – Lock Brake System)

车轮防抱死制动系统,简称 ABS。ABS 是汽车上的一种主动安全装置。其作用是在汽车制动时,自动调节制动力的大小,避免车轮完全抱死在路面上产生拖滑,使车轮处于滑移率保持在 20% 左右的边滚边滑状态,以保证车轮与地面间有最大的附着力。从而在大多数路面情况下制动时,能够缩短制动距离,提高汽车制动过程中的方向稳定性及转向操纵能力,使汽车制动更为安全有效。因为在制动过程中减少了轮胎滑移的成分,所以能够提高汽车轮胎的使用寿命。

(1)车轮防抱死制动系统的基本组成　车轮防抱死制动系统由传统的普通制动系统和防止车轮抱死的电子控制系统组成,下面提到的 ABS 单指电子控制系统。电子控制系统一般由传感器、电子控制器(ECU)、执行器及警告灯等组成,其中传感器主要指车轮转速传感器,执行器主要指制动压力调节器,如图 3-65 所示。

①车轮转速传感器。车轮转速传感器是 ABS 系统中最主要的一个传感器,其作用是检测车轮速度信号,简称轮速传感器。

②电子控制器。ABS 电子控制器,常用 ECU 表示,俗称 ABS 电脑。它是系统的神经中枢,接受传感器信号,通过计算、分析、判断后对执行器发出控制指令,另外还有监测功能。

③制动压力调节器。制动压力调节器的作用是接受 ECU 的指令,驱动调节器中的电磁阀动作(或电机转动),调节制动轮缸的制动压力,使车轮始终处于边滚边滑的状态。

④警告灯。警告灯包括仪表板上的制动警告灯和 ABS 警告灯。制动警告灯为红色,通常用 BRAKE 做标识,由制动液面开关、手制动开关及制动液压开关并联控制;ABS 警告灯为黄色,由 ABS 电子控制器控制,通常用 ABS、ALB 或 Anti-Lock 做标识。ABS 系统具有失效保

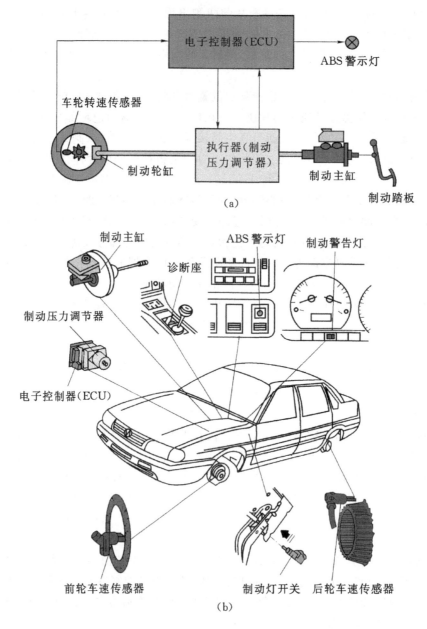

图 3-65 防抱死制动系统（ABS）的基本组成
(a)原理框图；(b)ABS元件图

护和自诊断功能，当 ECU 监测到系统出现故障时，将自动关闭 ABS，恢复常规制动；存储故障信息，点亮 ABS 警告灯，提示驾驶员尽快进行修理。

(2)大众车系 ABS 制动压力调节器的基本组成　如图 3-66 所示，液压调节装置含有电机驱动的回流泵、储压器、阻尼器、节流阀和液压电磁阀。

(3)大众车系 ABS 系统的工作原理　这套 ABS 系统是采用二位二通电磁阀调节制动压力的。下面我们以一个车轮为例介绍其工作原理。

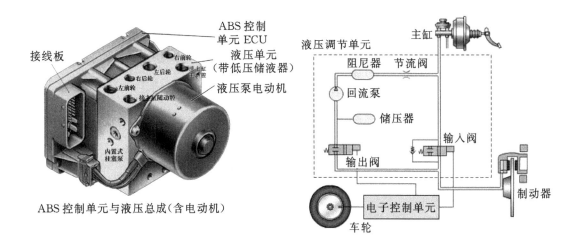

图 3-66 大众车系 ABS 制动压力调节器

①常规制动(升压)状态。在常规制动过程中，电磁线圈中无电流通过，电磁阀处于"升压"位置。此时常开电磁阀开启，常闭电磁阀关闭，制动主缸与轮缸相通。

②保压状态。随着制动压力的增加，车轮被制动和减速。当车轮的滑移率等参数达到最佳范围时，电子控制单元向液压控制单元发出"保压"的指令，使常开阀通电关闭，常闭阀不通电，仍保持关闭。制动液通往轮缸的通道被切断，在常开阀和常闭阀之间，制动压力保持不变，如图 3-67 所示。

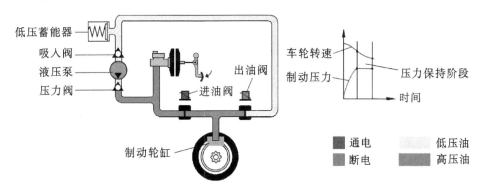

图 3-67 保压状态

③减压状态。即使制动压力保持不变，如果车轮进一步减速，仍会出现车轮抱死趋势，此时必须降低制动压力，如图 3-68 所示。电子控制单元发出"减压"的指令，此时常开阀通电关闭，常闭阀通电开启。制动液经回液通道进入储液器，同时电动泵工作，将多余的制动液送回制动主缸，这时制动踏板会轻微的向上抖动。当制动压力减小到车轮的滑移率到设定范围内时，进油阀通电，出油阀断电，制动压力保持不变。

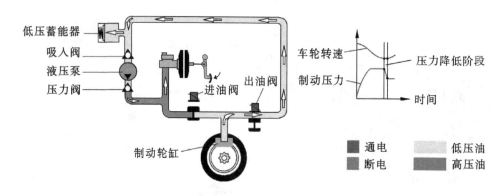

图 3-68 减压状态

④增压状态。轮缸制动压力下降后,如果车轮转速再次升高,电子控制单元会发出"增压"的指令。如图 3-69 所示,使常开阀断电开启,常闭阀断电关闭,制动液在泵电机和制动踏板力的作用下又进入轮缸,轮缸制动压力上升,车轮转速下降,进入下一个循环。ABS 重复上述过程。

制动时,上述过程即"压力升高→压力保持→压力减小→压力保持→压力升高"反复进行,直到解除制动为止。

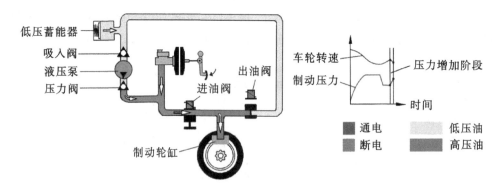

图 3-69 增压状态

第4章 汽车底盘构造拆装实习

4.1 汽车传动系的拆装

一、实习目的和要求

1. 熟悉汽车传动系的所有总成和零部件从整车上拆卸的方法及步骤;
2. 熟悉汽车传动系的所有总成和零部件安装到整车上的方法及步骤;
3. 熟悉手动变速器及主减速器差速器的解体方法及安装步骤。

二、实习注意事项

1. 拆装变速器时同步器的锁环不可互换,再次使用时必须装在同一齿轮上;
2. 离合器盖及压盘总成是不可拆卸的;
3. 要按维修手册的技术要求,使用合适的专用工具,进行规范操作,以防造成零件损坏。

三、实习设备

普通轿车4～6辆。

四、实习学时及分组情况

1. 学时:12学时;
2. 分组情况:5～6名同学一组。

五、实训操作指导

拆卸操作流程:先将传动轴及万向节从整车上拆卸下来,再拆卸变速器,最后拆卸离合器及从动盘。阅读维修手册,制定拆装方案,准备所需仪器、设备和工具。

1. 传动轴及万向节的拆装

(1)传动轴及万向节总成的拆卸

①举升车辆,使前桥不承载。
②一名维修人员踩动制动系统,另一名维修人员松开车轮螺栓,卸下车轮。
③松开传动轴与制动盘的自锁螺母。
④拧下传动轴与变速器法兰连接螺栓。
⑤标记好控制臂与车轮轴承座连接球头的固定螺栓的安装位置,如图4-1所示,然后拧下螺栓。

⑥用压具将传动轴从车轮轴承壳体中压出,如图4-2所示。
⑦将车轮轴承壳体向后翻转,并从轴承座中取出传动轴。
⑧将万向传动轴从车轮轴承座侧取下。

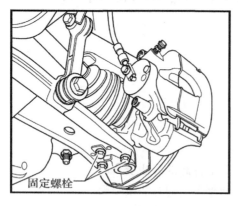

图4-1 固定螺栓安装位置

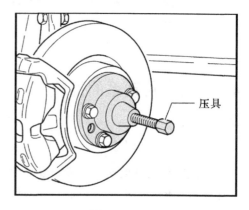

图4-2 压具

(2)传动轴总成的安装
①清除外等速万向螺纹和花键上的油漆残留物或锈蚀,并予以润滑。
②从车轮轴承壳体侧装入传动轴总成。
③将外等速万向节装入轮毂花键中。
④按拆卸时的标记,以20 N·m+90°的力矩拧紧控制臂与转向球头的新螺栓。
⑤将传动轴装入变速箱的法兰上,以10 N·m的力矩沿对角交叉预紧新的圆头内梅花螺栓后,用40 N·m的拧紧力矩以交叉方式拧紧。
⑥装上车轮并以120 N·m的力矩拧紧。
⑦以180 N·m的力矩将新的自锁螺母拧紧后,让汽车四轮着地,再将自锁螺母拧180°。
(3)传动轴与万向节的拆卸和安装
①万向传动轴的自锁螺母处于松开状态时,车轮轴承不允许承载。如果车轮轴承承载车辆的自身重量,车轮轴承使用寿命会因此降低,甚至损坏。即便是万向传动轴需上紧,车轮也不能着地,否则车轮轴承会损坏。因此无万向传动轴的汽车不得移动,否则车辆轴承会损坏。如若必须移动,应装入不带传动轴的外等速万向节,并将自锁螺母以50N·m的力矩拧紧。
②每次拆卸后应更换新的传动轴自锁螺母、连接传动轴与变速箱法兰的圆头内梅花螺栓、控制臂与转向球头的新螺栓以及卡箍等。
③在车辆上进行拆卸和装配工作时,万向传动轴不得松弛地吊着,也不能过度弯曲达到万向节的极限位置。
④注意不要损坏和扭转橡胶防尘套。
⑤安装传动轴时,传动轴与变速箱法兰之间的密封垫不要歪斜。
⑥内等速万向节与变速箱的法兰粘接表面必须无油脂和机油。
⑦内等速万向节防护套装配到等速万向节上时应在密封面上涂抹密封胶。
⑧在取下传动轴总成的过程中,横向稳定杆的连接杆可能会对操作造成一定的妨碍,根据实际情况可酌情将其拆下。

2. 变速器的拆卸和安装

变速器的拆卸和安装步骤可分为两部分,分别是变速器总成的拆卸和安装、变速器的分解和组装。

(1) 变速器总成的拆卸

① 查询防盗密码后,关闭点火开关,断开蓄电池接地线。

② 断开与变速器连接的附件。拔下倒车灯开关插头、车速传感器插头等。拆下离合器操纵机构、变速器操纵机构。断开左右半轴,并用绳吊起系牢。安装发动机桥架,并轻轻吊起发动机。升起车辆后,用变速器支架支起变速器。拆下变速器与发动机的连接螺栓。拆下启动机并用绳吊起系牢。调整变速器支架下的液压千斤顶,稍稍放低变速器,并横向推动,断开变速器与发动机的连接,拆下变速器。

(2) 变速器总成的安装 变速器的安装可按与拆卸相反的顺序进行,确保发动机、变速器悬置在无应力的状态下安装。安装变速器前,清洗输入轴花键,并用少许润滑脂润滑花键。安装变速器时,应注意保证离合器从动盘准确定位,按规定拧紧力矩各部分螺栓,进行离合器拉索功能检查。

(3) 变速器的分解 变速器的分解步骤如下。

① 将变速器紧固在拆装台架上,放出变速器油。

② 分解变速器壳体。

③ 取出输入轴、输出轴、倒挡轴等,拆解后更换损坏零件,如图4-3和图4-4所示。

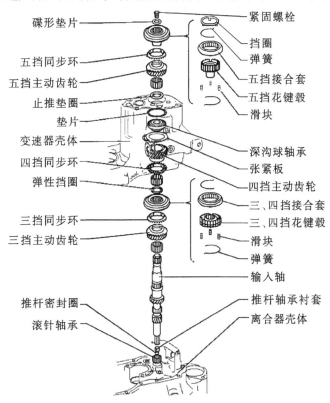

图4-3 输入轴总成装配示意图

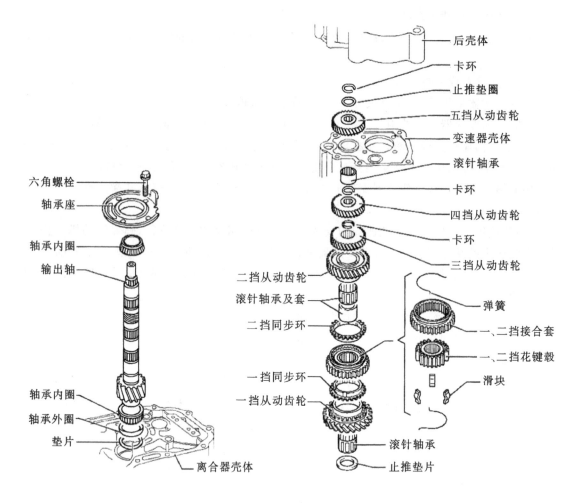

图 4-4 输出轴总成装配示意图

(4)变速器的组装 当所有零件清洗干净并更换新的倒挡惰轮、输入轴、倒挡从动齿轮后,按与分解相反的顺序组装变速器。

4.2 汽车行驶系的拆装

一、实习目的和要求

1. 熟悉汽车行驶系的所有总成和零部件从整车上拆卸的方法及步骤;
2. 熟悉汽车行驶系的所有总成和零部件安装到整车上的方法及步骤。

二、实习注意事项

1. 为了确保行驶系各总成的质量,操作时尽可能细心并保持清洁;
2. 要按维修手册的技术要求,使用合适的专用工具,进行规范操作,以防造成零件损坏;

3.不允许对前悬架总成进行焊接或整形处理,损坏的零部件总成需要更换新的;
4.安装传动轴时,应擦净传动轴与轮毂花键齿面上的油污,去除防护剂的残留物;
5.安装时,所有螺栓和螺母的紧固力矩应符合规定;
6.螺栓和螺母总成必须按正确的顺序拆卸;
7.所有自锁螺母,必须更换新件。

三、实习设备

普通轿车4~6辆。

四、实习学时及分组情况

1.学时:12学时;
2.分组情况:5~6名同学一组。

五、实训操作指导

1.前悬架总成的拆卸

①取下车轮装饰罩。旋下轮毂与传动轴的紧固螺母(力矩230 N·m),车轮必须着地。
②卸下垫圈,旋松车轮紧固螺母(力矩110 N·m),拆下车轮。
③旋下制动钳紧固螺栓(力矩70 N·m),旋下制动盘。
④取下制动软管支架,并用铁丝将制动钳固定在车身上,如图4-5上部箭头所示。注意不要损坏制动软管,拆下球形接头紧固螺栓,如图4-5下部箭头所示。
⑤压出横拉杆接头(力矩30 N·m),如图4-6所示。

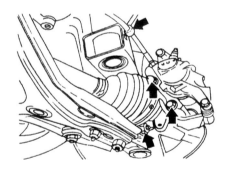
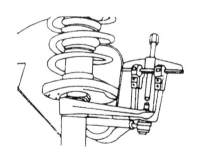

图4-5 旋下制动钳紧固螺栓　　　图4-6 压出横拉杆接头

⑥旋下横向稳定杆的紧固螺栓(力矩25 N·m),如图4-7所示。
⑦向下掀压下臂,从车轮轴承壳内拉出传动轴。或利用两个固定车轮凸缘上的螺孔,将压力装置V.A.G1389固定在轮毂上,用液压装置从轮毂中压出传动轴,如图4-8所示。
⑧拆掉压力装置。取下盖子,支撑减振器滑柱下部,旋下活塞杆的螺母,用内六角扳手阻止活塞杆的转动,如图4-9所示。

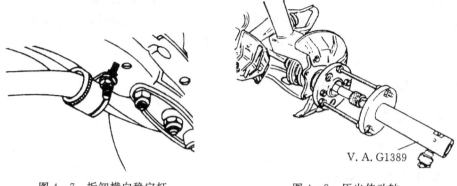

图 4-7 拆卸横向稳定杆　　　　图 4-8 压出传动轴

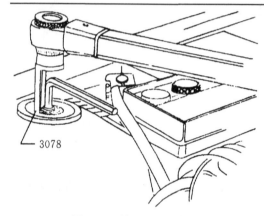

图 4-9 旋下活塞杆螺母

2.传动轴总成的拆装

(1)传动轴(半轴)总成的拆卸

①在车轮着地时,旋下轮毂的紧固螺母。

②旋下传动轴凸缘上的紧固螺栓,将传动轴与凸缘分开,如图 4-10 所示。

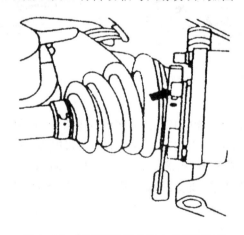

图 4-10 旋下传动轴凸缘上的紧固螺栓

③从车轮轴承壳内拉出传动轴,或利用V.A.G1389压力装置拉出传动轴。拆卸传动轴时轮毂不能加热,否则会损坏车轮轴承,原则上应使用拉具。拆掉传动轴后,应装上一根连接轴来代替传动轴,防止移动卸掉传动轴的车辆时,损坏前轮轴承总成。

(2)传动轴(半轴)总成的安装

①在等速万向节的花键上涂上一圈5 mm厚的防护剂,然后装上传动轴花键套。

②将球头销接头重新装配在原位置,并拧紧螺母。在安装球头销接头时,不能损坏波纹管护套,如图4-11所示。

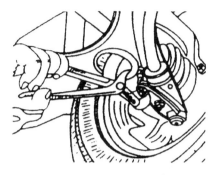

图4-11 安装球头销接头

③必要时检查前轮外倾角。

④车轮着地后,拧紧轮毂固定螺母。

3. 副车架、下摇臂和稳定杆的拆装

(1)副车架、下摇臂和稳定杆的拆卸

①旋下副车架与车身固定的前悬架螺栓(力矩70 N·m),拆下副车架下摇臂与稳定杆组件。

②旋松下摇臂与副车架连接橡胶轴套的螺栓螺母(力矩60 N·m),拆下摇臂。

③旋松稳定杆与下摇臂连接螺栓的紧固螺母,并拆下固定在副车架处支架螺栓(力矩25 N·m),拆下稳定杆。

④用专用工具压出副车架四个前后橡胶支撑,如图4-12所示,图中字母与数字的标记均表示专用工具代号。

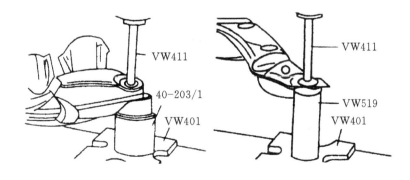

图4-12 压出副车架前、后端橡胶支撑

⑤用专用工具压出下摇臂两端橡胶轴承,如图4-13所示。

(2)副车架、下摇臂和稳定杆的安装。

①用专用工具压入下摇臂橡胶轴承,如图 4-14 所示,图中字母与数字的标记均表示专用工具代号。

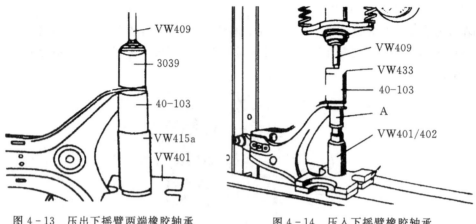

图 4-13　压出下摇臂两端橡胶轴承　　　图 4-14　压入下摇臂橡胶轴承

②用专用工具压入副车架前后端四个橡胶支撑,如图 4-15 所示,图中字母与数字的标记均表示专用工具代号。

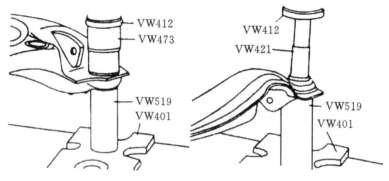

图 4-15　压入副车架前、后橡胶支撑

③安装稳定杆。稳定杆安装的正确位置是弯管向下弯曲,正确的安装方法是先装上较松的卡箍,然后进行短距离试车,这时橡胶支座就会自动滑入规定的位置,然后用 25 N·m 的力矩固定螺栓,进一步进行调整时应将车辆开到举升台上,然后紧固稳定杆。

④拧紧固定下摇臂与副车架的连接螺栓螺母(力矩 60 N·m)。

⑤发动机悬架安装之后,发动机悬架内部都要用防腐剂进行处理。自锁螺栓(螺母)拆装后要再次使用,须调换新的螺栓和螺母。

⑥副车架固定至车身上,其固定螺栓按车辆行驶方向拧紧顺序为后左、后右、前左、前右。

⑦如果要装一个新副车架,在前悬架下臂安装之后,副车架内部必须用防护蜡进行处理。

4. 后桥与后悬架的拆装(以桑塔纳轿车为例)

(1)后桥与后悬架的拆卸

①将驻车制动拉索从拉杆上吊出,必要时脱开制动蹄。分开后桥上的制动管和制动软管。

②松开车身上的转向器支撑座,仅留一个螺母支撑。如要把支撑座留在车身上,需拆出支撑

座与横梁上的固定螺栓。安装时要注意为了避免金属橡胶支座在行驶中橡胶扭曲,在旋紧螺栓之前,后桥横梁须平放。

③拆下排气管吊环。用专用工具撑住后桥横梁。

④取下车身内减振器盖板。从车身上旋下支撑杆座固定螺母,如图 4-16 所示,其中 3017A 表示专用工具代号。

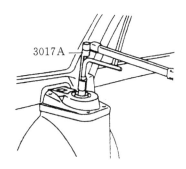

图 4-16 减振器支撑杆座固定螺母的拆卸

⑤拆卸车身上的整个支撑座。

⑥慢慢升起车辆。将驻车制动拉索从排气管上拉出。

⑦拆出后桥。注意维修时不允许对后桥进行焊接和整形。

(2)后桥与后悬架的安装 后桥、后悬架总成的安装可按拆卸相反的顺序进行,但应注意以下事项。

①将驻车制动拉索铺设在排气管上面,然后将后桥装到车身上。

②将减振器支撑杆座装入车身的支架中,并用螺母固定。

③后桥横梁必须平放,车身与横梁的夹角应为 $17°\pm2°36'$,如图 4-17 所示。

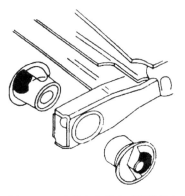

图 4-17 支撑座安装在后桥横梁上

④更换所有自锁螺母,且按规定力矩拧紧。

4.3 汽车转向系的拆装

一、实习目的和要求

1. 熟悉汽车转向系的所有总成和零部件从整车上拆卸的方法及步骤;
2. 熟悉汽车转向系的所有总成和零部件安装到整车上的方法及步骤;
3. 熟悉汽车转向系的组成。

二、实习注意事项

1. 转向操纵机构中的自锁螺母和螺栓拆卸后,应全部更换;
2. 不可再使用排出的动力转向液压油,应重新加注新的动力转向液压油。

三、实习设备

普通轿车 4~6 辆。

四、实习学时及分组情况

1. 学时:6 学时;
2. 分组情况:5~6 名同学一组。

五、实训操作指导

1. 转向操纵机构的拆卸和组装

(1)转向操纵机构的拆卸 转向柱上装有一套组合开关,包括点火开关、前风窗刮水器及洗涤器开关、转向灯开关及远近光变光开关,因此在拆卸前必须将蓄电池电源线断开,转向指示灯开关放在中间位置,并将车轮处在直线行驶位置,按下列拆卸步骤进行,如图 4-18 所示。

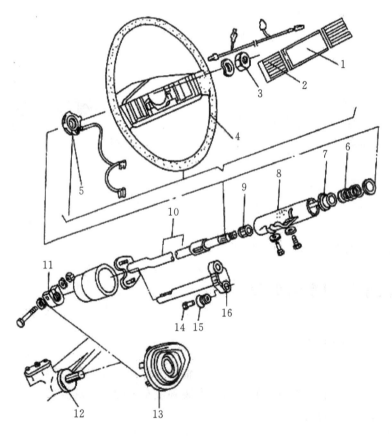

1—大盖板;2—喇叭按钮盖板;3—转向盘与转向柱紧固螺母;4—转向盘;5—接触环;6—压缩弹簧;
7—连接圈;8—转向柱套管;9—轴承;10—转向柱上段;11—夹紧箍;12—转向器;13—转向柱管橡皮圈;
14—转向减振尼龙销;15—转向减振橡胶圈;16—转向柱下段

图 4-18 桑塔纳 2000 转向操纵机构分解图

①向下按橡皮边缘,撬出盖板。
②取下喇叭盖,拆卸喇叭按钮及有关接线。
③用套筒扳手拆下转向盘紧固螺母,然后用拉器将转向盘取下。
④用螺丝刀拆下组合开关上的三个平口螺栓,取下开关。
⑤拆下阻风门拉手上的弹簧销子,然后拧下拉手、环形螺母,拧下仪表板下饰板固定螺栓,拆下仪表板左下方饰板。
⑥用梅花扳手拆下转向柱套管的两个螺钉,拆下套管。
⑦将转向柱上段往下压,使上段端部法兰上的两个驱动销脱离转向柱下段,取出转向柱上段。
⑧取下转向柱橡胶圈,用梅花扳手松开夹紧箍的紧固螺栓,拆下转向柱下段。
⑨用水泵钳旋转卸下弹簧垫圈,用六角扳手卸下左边的内六角螺栓,用螺丝刀拆下右边的开口螺丝及转向盘锁套。

(2)转向操纵机构的组装　转向操纵机构的装配基本按拆卸的相反顺序进行,但同时应注意以下几点。
①转向柱与凸缘管应一起安装,并用水泵钳连接起来。
②应将凸缘管推至转向机构主动齿轮上,夹紧箍圈口应向外。注意:不可用手等掰开夹箍。
③转向柱管的断开螺栓装配时,应将螺栓拧紧至螺栓头断开为止,然后拧紧圆柱螺栓。
④车轮应处于直线行驶位置,转向指示灯开关应处在中间位置,才可安装转向盘,否则在安装转向盘时,当分离爪齿通过接触环上的簧片时,有可能造成损坏。
⑤应更换所有的自锁螺母和螺栓,转向柱不能进行焊接修理。

2. 转向传动机构的拆卸与组装

桑塔纳2000型轿车的前悬架为独立悬架,其转向传动机构的拆装如图4-19所示。

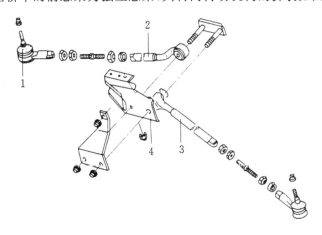

1—横拉杆接头;2—右横拉杆;3—左横拉杆;4—横拉杆支架
图4-19　桑塔纳2000型轿车转向传动机构分解图

(1)转向传动机构的拆卸
①从转向节臂处松开横拉杆球头稍缩紧螺母。

②拆下左、右横拉杆的球铰链的一端。
③拆下左、右横拉杆与横拉杆支架的连接螺母,取下左、右横拉杆总成。
④松开调整螺母,卸下左、右横拉杆球头。

(2)转向传动机构的组装

①在横拉杆外端安装好调整螺母及球接头,将其长度调整合适,并拧紧加紧箍螺杆,以保证前轮出于直行位置时,转向器在中间位置啮合。

②将转向支架安装到转向器齿条上,并用连接板固定好横拉杆内端,安装时,各螺栓应按规定力矩拧紧。

③将球头稍装入转向臂销孔中,拧紧其紧固螺母。传动机构装好后,转向盘应无明显的自由行程,否则应查明原因并排除。

3.动力转向器的拆卸和组装

动力转向器零部件分解图,如图4-20所示。

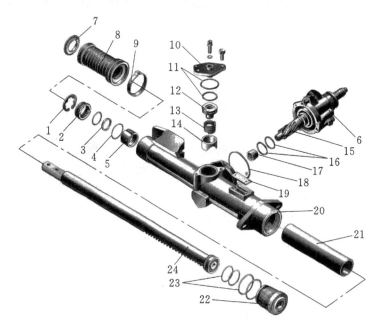

1—挡环;2—齿条油封座;3—环;4—O形密封圈;5—支承衬套;6—转阀;7—防尘罩挡圈;8—波纹防尘罩;9—夹箍;10—盖板;11—O形密封圈;12—密封座;13—补偿弹簧;14—压块;15—转向齿轮;16—O形密封圈;17—滚针轴承;18—O形密封圈;19—铭牌;20—转向器壳;21—缸筒;22—密封挡盖;23—O形密封圈;24—齿条

图4-20 桑塔纳2000动力转向器分解图

(1)动力转向器的拆卸 用升降器升起车辆,排放转向液压油后,用开口扳手拆下固定转向横拉杆的螺母,如图4-21所示。

用梅花扳手拆下左前轮罩的转向器固定螺栓,如图4-22所示。

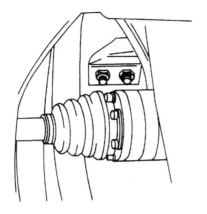 

图 4-21　拆横拉杆螺母　　　　　　图 4-22　拆转向器固定螺栓

用开口扳手松开在转向器分配阀外壳上的进油管,如图 4-23 所示。
用开口扳手拆下后横板上固定转向器的自锁螺母(左侧),如图 4-24 所示。

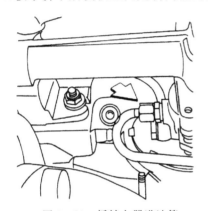 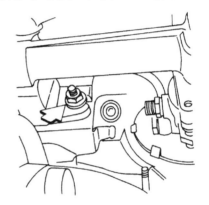

图 4-23　拆转向器进油管　　　　　图 4-24　拆转向器自锁螺母

把车辆放下后,用套筒工具拆下紧固齿条与转向横拉杆的螺母,如图 4-25 所示。
拆下仪表板侧边下盖、通风管和踏板盖后,用梅花扳手拆下紧固转向齿轮轴与联轴节的螺栓,并使各轴分开,如图 4-26 所示。

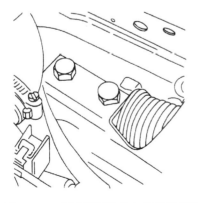 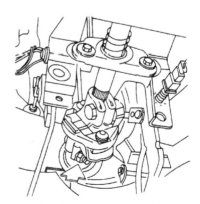

图 4-25　拆下紧固齿条与横拉杆螺母　　　图 4-26　拆下联轴节螺栓

拆下防尘套后,用梅花扳手从车厢内部拆下固定转向器分配阀外壳上回油管的泄放螺栓,如图 4-27 所示。

用开口扳手拆下后横板上固定转向器的自锁螺母,拆下转向器,如图 4-28 所示。

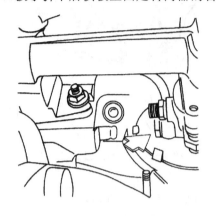 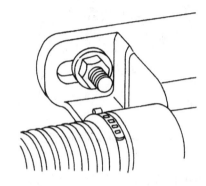

图 4-27　拆下回油管螺栓　　　　图 4-28　拆下转向器固定螺母

(2)动力转向器的组装。

①在后横板上安装转向器自锁螺母但不必完全拧紧。

②支撑起车辆,在液压泵上安装进油管和回油管,使用新的密封圈,用扭力扳手以 40 N·m 的力矩拧紧螺栓。

③安装在左前轮罩上的转向器固定螺栓,用扭力扳手以 20 N·m 的力矩拧紧螺母;安装在后横板上固定转向器的自锁螺母,用扭力扳手以 40 N·m 的力矩拧紧螺母。把进油管固定在转向器分配阀外壳上。

④把车辆放下,用扭力扳手以 40 N·m 的力矩拧紧在后横板上固定转向器的自锁螺母。

⑤安装转向横拉杆支架固定螺栓,用扭力扳手以 45 N·m 的力矩拧紧螺栓。

⑥从车厢内把回油管安装在转向器分配阀外壳上,安装防尘套,连接联轴节,安装固定螺栓用扭力扳手以 25 N·m 的力矩拧紧。安装踏板盖、通风管和仪表板盖。

⑦向储油罐内注入液压油,加注到标有"MAX"记号处。举升起车辆,在发动机停止的情况下转动转向盘数次,以便把系统中存在的空气排出。

⑧启动发动机,完全向左和向右转动转向盘,观察油面高度,一直操作到油面稳定在标有"MAX"的记号处为止。

4. 液压泵的拆卸与组装

液压泵(叶轮泵)及其附件如图 4-29 所示。

(1)液压泵的拆卸　支撑起车辆后,用梅花扳手拆下液压泵上回油管和进油管的放油螺栓,排放液压油,如图 4-30 所示。

用梅花扳手拆下液压泵前支架上的张紧螺栓,如图 4-31 所示。

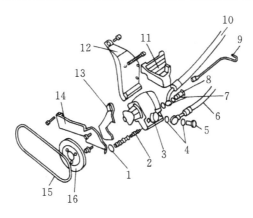

1—密封环；2—限压阀和溢流阀；3—叶片泵；4、7—更换密封环；5、8—管接头螺栓；6—进油管；
9、12—支架；10—至转向控制阀；11—后摆动夹板；13—前摆动夹板；14—夹紧夹板；15—V带；16—带轮

图 4-29　液压泵（叶轮泵）及其附件

图 4-30　拆放油螺栓

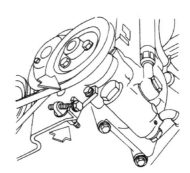

图 4-31　拆支架张紧螺栓

用梅花扳手拆下液压泵后支架上的固定螺栓，如图 4-32 所示。

用梅花扳手松开液压泵中心支架上的固定螺母和螺栓，把液压泵固定在台虎钳上，拆卸 V 带轮，如图 4-33 所示。

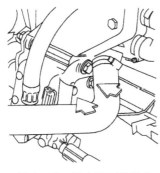

图 4-32　拆支架固定螺栓

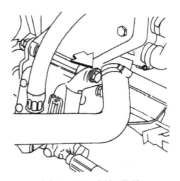

图 4-33　拆卸带轮

（2）液压泵的组装　液压泵的安装按照拆卸相反的顺序进行。安装完毕后，应调整液压泵带的张紧度，并加注液压油。

4.4 汽车制动系的拆装

一、实训目的和要求

1. 熟悉汽车制动系的所有总成和零部件从整车上拆卸的方法及步骤；
2. 熟悉汽车制动系的所有总成和零部件安装到整车上的方法及步骤；
3. 熟悉驻车制动系统和行车制动系统的组成。

二、实训注意事项

1. 拆卸制动钳时,不要从其上断开制动软管；
2. 清洁制动钳体只能用酒精；
3. 如需要重新使用制动摩擦衬片时,拆卸前应做上标记,重新安装时,应装在原位置,否则制动会不平稳；
4. 如果 ABS ECU 更换新的,必须对 ECU 重新编码。

三、实习设备

普通轿车 6 辆,前桥及悬架总成 3 套,后桥总成 3 套。

四、实习学时及分组情况

1. 学时:8 学时；
2. 分组情况:5～6 名同学一组。

五、实训操作指导

下述为奥迪车系制动系统主要零件的拆卸方法和注意事项。

1. 制动摩擦衬块的更换(前轮)

(1) 拆卸摩擦衬块 将汽车举升到齐胸的位置,拆下车轮及其组件。按箭头所示位置用一个车轮螺栓固定好制动盘,如图 4-34 所示。

用手套或抹布遮挡,然后用平口螺丝刀将止动弹簧撬出并取下,如图 4-35 所示。

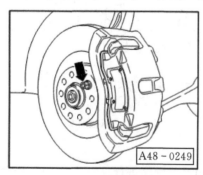
图 4-34　固定制动盘

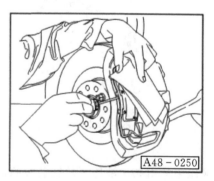
图 4-35　撬出止动弹簧

拔下制动摩擦衬块磨损报警插头,并将插头从固定支架上松开后拉出,如图4-36所示。从固定支架上取下制动管路(箭头所示),然后拆下盖罩,如图4-37所示。

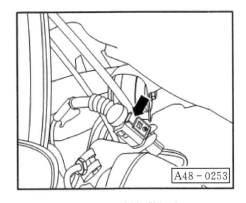

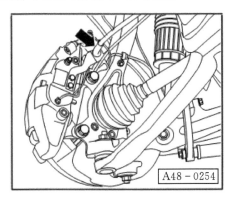

图4-36 拆报警插头

图4-37 拆卸罩盖

拆下制动钳的两个导向销,拆卸制动钳体,用金属线将制动钳挂在车体上,防止制动软管受力损坏。将摩擦衬块从制动钳体中取出,并对制动钳进行清洁,如图4-38所示。

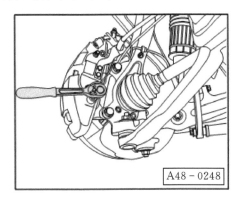

图4-38 拆下制动钳及摩擦衬块

(2)安装摩擦衬块 用专用工具(制动活塞压入装备)压回轮缸活塞,如图4-39所示。将带有止动弹簧和磨损指示摩擦衬块装入制动钳体中,如图4-40所示。

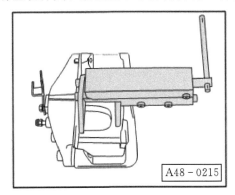

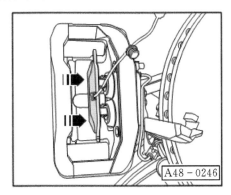

图4-39 压回轮缸活塞

图4-40 安装制动块

将外侧制动摩擦衬块安装到制动钳中,将制动钳安装到制动盘上,如图4-41所示。

将制动钳体用两个导向销以30 N·m拧紧在制器支架上然后装好盖罩,检查制动软管不能扭曲。将止动弹簧装入制动钳体中,固定好制动管路,插好磨损指示插头并将导线固定好,安装好车轮,如图4-42所示。

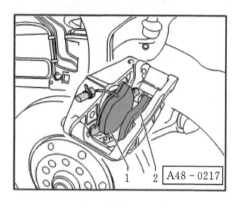
1—内侧制动摩擦衬块;2—外侧制动摩擦衬块
图4-41 安装制动钳

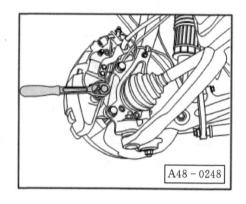
图4-42 安装导向销、止动弹簧

安装完毕后,关闭点火开关,拉好手刹,把制动踏板反复用力踩到底,使制动摩擦衬块到相应位置。检查制动液液位,必要时添加。

2. ABS/ESP液压控制单元的拆装

在拆装工作之前,应对液压系统的连接件及其周围进行彻底的清洁,注意不能使用制动器清洗剂、汽油或类似的具有腐蚀性的清洗剂。关闭点火开关。装有可编码收音机的车辆,要查明其编码,并断开蓄电池的搭铁线。将制动器踏板加载装置放在制动踏板和驾驶员座椅之间,将制动踏板至少压下60 mm,如图4-43所示。

将控制器的插头按箭头方向打开并取出,如图4-44所示。

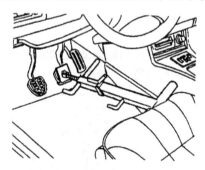
图4-43 安装制动踏板加载装置

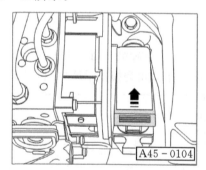
图4-44 拆线束插头

松开固定螺栓,沿箭头所示方向取出,将冷却水储液罐向侧面翻转并取出,如图4-45所示。

拆下液压控制单元管路1、2和3,并做上记号后,立即用密封塞将开口部塞住,如图4-46所示。

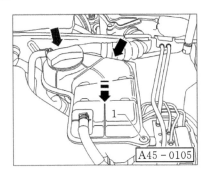

1—储液罐固定螺栓

图 4-45 拆冷却液储液罐

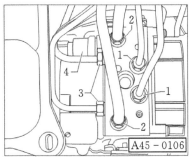

1,3—分泵制动管固定螺栓;
2—总泵制动管固定螺栓;4—插头

图 4-46 拆制动压力调节器管路

拆下制动总泵管路 1 和 2,并做上记号,立刻用密封塞将开口部塞住,如图 4-47 所示。断开插头连接,从管夹中松开制动管路,如图 4-48 所示。

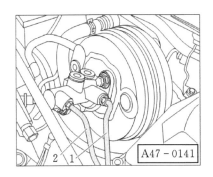

1,2—制动总泵油管

图 4-47 拆制动总泵管路

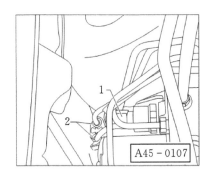

1—插头;2—管夹

图 4-48 松制动管路

将下方的管夹打开,并沿着箭头方向取出液压控制单元,如图 4-49 所示。

安装应按与拆卸相反的顺序进行。液压控制单元连接管路的密封塞,只有在制动油管要装上去的时候才能拆下,以免异物进入制动系统。各连接管接头以 15~20 N·m 的力矩拧紧,安装完毕后对 ABS 系统充液和排气。连接好蓄电池,打开点火开关,ABS 警告灯须亮 2 s 后再熄灭。使用 V.A.G1552(或 VAS5051)故障诊断仪,先清除故障存储,再查询故障代码。如果 ABS ECU 更换新的,必须对 ECU 重新编码。在最后进行试车时,要至少进行一次由 ABS 控制的制动,即能感觉到制动踏板的跳动。

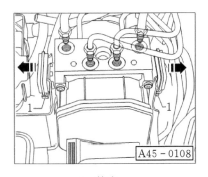

1—管夹

图 4-49 取出制动压力调节器

第5章 汽车底盘检修课程实训

5.1 离合器从动盘的更换

一、实训目的和要求

1. 了解在什么情况下应更换离合器的从动盘;
2. 熟练掌握离合器拆卸的步骤。

二、实训注意事项

1. 离合器装配完,一定要进行踏板自由行程的检查,应符合要求;
2. 从动盘毂两边长度不对称,注意不要装反;
3. 安装时注意防止油类物质污染新的从动盘摩擦片;
4. 在车下进行作业之前,一定要确保汽车已经以正确、安全的方式进行了支承。

三、实训设备

普通轿车 4~6 辆、专用工具、组合工具。

四、实训学时及分组情况

1. 学时:6~8 学时;
2. 分组情况:5~6 名同学一组。

五、实训操作指导

1. 更换离合器从动盘的原因

① 离合器经常打滑。
② 离合器有异响(从动盘的扭转减振器弹簧折断)。
③ 从动盘严重烧损烧蚀。
④ 离合器接合不平顺(摩擦片表面粘有油污,硬化,铆钉头外露)。
⑤ 其他原因。

2. 拆卸离合器从动盘

① 拆离合器拉索,拆下变速器。
② 用专用支架固定飞轮,如图 5-1 所示大众车的飞轮固定。
③ 按对角线将每个螺栓松一圈,直至弹簧张力消失。

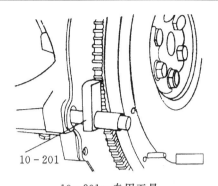

10-201—专用工具

图 5-1 用专用工具固定飞轮

④卸下螺栓。

⑤取下离合器盖及压盘总成。

⑥取下离合器从动盘。

3. 离合器的装配与调整

(1)离合器的装配　膜片弹簧离合器的装配次序大体类同,可按拆卸时的相反次序进行安装。安装时应满足以下要求。

①安装从动盘。安装时应保证飞轮与离合器从动盘同心,一般是利用变速器第一轴插入从动盘毂与飞轮中心孔内,如图 5-2 所示。待离合器安装好后,再取出第一轴,或用专用工具将离合器从动盘装在飞轮上。

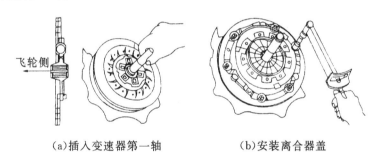

(a)插入变速器第一轴　　(b)安装离合器盖

图 5-2 安装从动盘

从动盘毂两边长度不对称,安装时应根据轿车型号确定离合器从动盘毂长短的前后方向,多数轿车是短毂朝向飞轮,如果装反,离合器则不能正常工作。

为防止油类物质污染摩擦片出现离合器打滑、抖动的故障,安装时,要用手拿从动盘的内孔或边缘。

②安装离合器盖。各螺栓按对称原则依次均匀拧紧,最后按规定力矩拧紧。一汽奥迪100 型轿车该力矩为 25 N·m;捷达/高尔夫轿车为 20 N·m;二汽神龙富康轿车为 15 N·m。

③装配时,以下部件应填注润滑脂:分离叉和分离轴承毂套的接触点处,分离叉和推杆的接触点处,第一轴轴承盖与分离轴承接触点处,分离轴承毂套内部,分离轴承前沿。

④装配后,检查膜片弹簧端头与专用工具之间的距离,最大允许间隙一般为 0.5 mm。然后察看其平整程度。

⑤安装变速器。
⑥调整离合器踏板高度与踏板自由行程和推杆行程。

(2)离合器的调整

①踏板高度的调整。踏板高度的调整如图 5-3 所示。拧松锁紧螺母,转动止动器螺栓直至高度符合规定,离合器踏板高度可用直尺测量,一般轿车规定值为 170～190 mm。

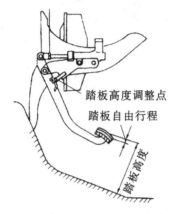

图 5-3　踏板高度和自由行程的调整

②踏板自由行程和推杆行程的检查与调整。正常的踏板自由行程是保证离合器完全接合和彻底分离的必要条件。检查踏板自由行程时可用直尺测量,如图 5-3 所示,先测量踏板完全放松时的高度,再测量按下踏板感觉有新阻力时的高度,前后两次高度差,即为踏板自由行程,其值应符合规定,如果踏板自由行程不符合规定,应予调整。

液压操纵离合器踏板的自由行程是主缸推杆与活塞之间的间隙、分离杠杆和分离轴承之间的间隙在踏板上的总反映。主缸推杆与活塞之间间隙的调整方法一般为拧松推杆锁紧螺母,转动主缸推杆直至踏板自由行程和推杆行程符合规定。调整完毕后,锁紧锁止螺母,再重复检查自由行程和推杆行程。分离杠杆和分离轴承之间的间隙通过拧动离合器分泵推杆上的调整螺母进行调整。

5.2　手动变速器齿轮油的更换

一、实训目的和要求

1. 了解在什么情况下应更换手动变速器齿轮油;
2. 熟练掌握手动变速器齿轮油更换的操作步骤。

二、实训注意事项

1. 在车下进行作业之前,一定要确保汽车已经以正确、安全的方式进行了支承;
2. 拆卸加油螺塞时,应注意可能会由于油位较高而有油溅出。

三、实训设备

普通轿车 6 辆(手动变速器)。

四、实训学时及分组情况

1. 学时:2学时;
2. 分组情况:5~6名同学一组。

五、知识准备

1. 变速器齿轮油的性能分类

美国石油学会将车辆齿轮油按使用性能分为GL-1、GL-2、GL-3、GL-4、GL-5和GL-6六类。其性能水平顺序逐级提高。其中,使用较多的是GL-4和GL-5两类。近年来API还提出了两种新使用性能分类规格,一种是PG-1,适用于重载、高温(可达150 ℃)手动变速箱(卡车与公共汽车用);另一种PG-2,适用于有高偏置的重载轴齿轮传动(重型卡车最后一级传动用)。

由于GL1、GL2、GL3都已属于淘汰型号,因此下面主要介绍GL-4、GL-5和GL-6齿轮油。

①GL-4用于在高速低扭矩,低速高扭矩下操作的各种手动变速箱,特别是客车和其他各类车辆用齿轮、双曲线齿轮。

②GL-5用于在高速冲击负荷、高速低扭矩操作下的各种齿轮,特别是客车和使用要求苛刻的其他车辆用的双曲线齿轮。

③GL-6用于在高速、冲击负荷下工作的各种齿轮,特别是客车和各类车辆用的高偏置双曲线齿轮(偏置量大于5 cm或接近大齿圈直径的25%)。

2. 国产汽车使用齿轮油的情况

①汽油车:代表车型有奥迪、捷达、富康、桑塔纳、夏利、别克等,用油等级GL-4或GL-5。

②微型车:代表车型有大发、长安、昌河、五菱等,用油等级GL-4或GL-5。

③轻型载货车:代表车型有CA120、BJ130、NJ131、NJ1061、金杯等,用油等级GL-4。

④东风日产轿车:手动变速器齿轮油级别是GL-4,后桥齿轮油级别是GL-5。

六、实训操作指导

1. 更换手动变速器齿轮油的原因

①变速器齿轮油油面及油质检查不符合要求。
②定期更换变速器润滑油。
③更换变速器轴承。

2. 润滑油检查

变速器润滑油又称变速器齿轮油,其状况的好坏直接影响到变速器能否正常工作。如果在变速器工作中润滑油不足,变速器齿轮和轴承会很快被烧毁。检查时,除检查油量的多少外,还应注意检查润滑油的状况。

变速器润滑油应保持新鲜的颜色和正常的气味,如果出现异常就应更换。如果润滑油内出现有金属碎屑,则表明变速器内部出现了严重磨损。

变速器润滑油量的检查如下:
①将汽车安全地支承在举升机或举升台上,并将其升起。
②如果变速器配有油尺,先拆下油尺,将其擦干净,重新将其全部插入,再拆下油尺,观察油位情况。正常油位应处于油尺的"满"和"低"标记之间。
③如果配有加油螺塞,将其拆下,油位应处于加油螺塞孔开口的下边。拆卸加油螺塞时,应注意可能会由于油位较高而有油溅出。拆卸螺塞后,如果通过螺塞孔看不到油面,可小心地将手指直着插入螺塞孔中,然后向下弯曲,手指就如同油位指示器。将手指拿出,检查手指上的油面高度。正常油位应与加油螺塞孔的底部相平齐。
④如果油位过低,先检查油位过低的原因,确定无泄漏后加入正确型号的润滑油,并达到正确的油位。如果油位过高,则放掉多余的润滑油。

3. **变速器润滑油的更换**

根据汽车维修手册建议定期更换变速器润滑油。这样可以将润滑油中的金属污物除去,从而减少零部件的磨损,同时也有助于保证良好的润滑状态。

变速器润滑油更换如下:
①启动汽车并使变速器润滑油温度达到工作温度。
②将汽车安全地支承在举升机或举升台上,并将其升起。
③在变速器底部找到放油螺塞,在其下方放置一个集油盘,拆下放油螺塞,将润滑油排放干净。
④正确安装放油螺塞。
⑤向变速器中加注正确的润滑油类型及加注量。
⑥试车,重新检查液面是否符合要求。

5.3 万向节和传动轴的检查和更换

一、实训目的和要求

1. 了解在什么情况下应对万向节和传动轴进行检查和更换;
2. 熟练掌握万向节和传动轴的检查及更换步骤。

二、实训注意事项

1. 在车下进行作业之前,一定要确保汽车已经以正确、安全的方式进行了支承;
2. 在车辆上进行拆卸和装配工作时,万向传动轴不得松弛地吊着,也不能过度弯曲达到万向节的极限位置。

三、实训设备

普通轿车 4 辆。

四、实训学时及分组情况

1. 学时:2 学时;

2.分组情况:5～6名同学一组。

五、实训操作指导

1.更换万向节和传动轴的原因
①球笼万向节的球笼壳、球笼及钢球有严重凹陷与磨损。
②球笼万向节的防尘套有裂纹、防尘套被破坏,卡箍松动或松脱,有灰尘进入万向节内。
③十字轴万向节轴颈表面有疲劳剥落、磨损沟槽或压痕深大于 0.1 mm。
④传动轴有严重裂纹、凹陷。
⑤传动轴弯曲度超过极限值。
⑥轿车传动轴花键与滑动叉的侧隙大于 0.15 mm。

2.万向节和传动轴的拆装
(1)阅读维修手册,制定拆装方案,准备所需仪器、设备和工具。
(2)传动轴总成的拆卸步骤
①举升车辆,使前桥不承载。
②一名维修人员踩动制动系统,另一名维修人员松开车轮螺栓,卸下车轮。
③松开传动轴与制动盘的自锁螺母。
④拧下传动轴与变速器法兰连接螺栓。
⑤标记好控制臂与车轮轴承座连接球头的固定螺栓的安装位置,如图 5-4 所示,然后拧下螺栓。
⑥用压具将传动轴从车轮轴承壳体中压出,如图 5-5 所示。

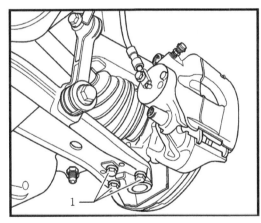
1—球头固定螺栓
图 5-4 拆球头固定螺栓

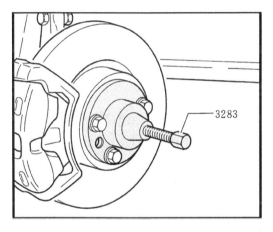
3283—专用工具
图 5-5 拆卸传动轴

⑦将车轮轴承壳体向后翻转,并从轴承座中取出传动轴。
⑧将万向传动轴从车轮轴承座侧取下。

(3)传动轴总成的安装

①清除外等速万向螺纹和花键上的油漆残留物或锈蚀,并予以润滑。
②从车轮轴承壳体侧装入传动轴总成。
③将外等速万向节装入至轮毂花键中。
④按拆卸时的标记,以 20 N·m+90°的力矩拧紧控制臂与转向球头的新螺栓。
⑤将传动轴装入变速箱的法兰上,以 10 N·m 的力矩沿对角交叉预紧新的圆头内梅花螺栓后,用 40 N·m 的拧紧力矩以交叉方式拧紧。
⑥装上车轮并以 120 N·m 的力矩拧紧。
⑦以 180 N·m 的力矩将新的自锁螺母拧紧后,让汽车四轮着地,再将自锁螺母拧 180°。

(4)操作注意事项

①万向传动轴的自锁螺母处于松开状态时,车轮轴承不许承载。否则会降低车轮轴承的使用寿命,甚至造成轴承损坏。即便是为将万向传动轴上紧,车轮也不能着地,否则车轮轴承会损坏。因此无万向传动轴的汽车不得移动,否则车辆轴承会损坏。如若必须移动,应装入不带传动轴的外等速万向节,并将自锁螺母以 50 N·m 的力矩拧紧。
②每次拆卸后需更换新的传动轴自锁螺母、连接传动轴与变速箱法兰的圆头内梅花螺栓、控制臂与转向球头的新螺栓以及卡箍等。
③在车辆上进行拆卸和装配工作时,万向传动轴不能松弛地吊着,也不能过度弯曲达到万向节的极限位置。
④注意不要损坏和扭转橡胶防尘套。
⑤安装传动轴时,传动轴与变速箱法兰之间的密封垫不要歪斜。
⑥内等速万向节与变速箱的法兰粘接表面必须无油脂和机油。
⑦内等速万向节防护套装配到等速万向节上时需在密封面上涂抹密封胶。
⑧由于万向节保护套的材料较硬(Hytrel,聚合弹性体),需用较硬的特种钢材料的卡箍,所以只能用弹簧钳夹紧。注意,钳子的丝杆螺纹应活动自如,必要时用二硫化钼(MoS_2)润滑油润滑。
⑨在取下传动轴总成的过程中,横向稳定杆的连接杆可能会对操作造成一定的妨碍,根据实际情况可酌情将其拆下。

5.4 减振器和螺旋弹簧的检查和更换

一、实训目的和要求

1. 了解在什么情况下应更换减振器和螺旋弹簧;
2. 熟练掌握拆装减振器和螺旋弹簧的步骤。

二、实训注意事项

1. 在车下进行作业之前,一定要确保汽车已经以正确、安全的方式进行了支承;
2. 拆装减振器与弹簧组件时,专用工具与弹簧的卡紧必须可靠,以确保安全。

三、实训设备

普通轿车 4 辆,减振器弹簧拆装机 4 台。

四、实训学时及分组情况

1. 学时:2 学时;
2. 分组情况:5~6 名同学一组。

五、实训操作指导

1. 阅读维修手册,制定拆装方案,准备所需仪器、设备和工具;
2. 操作步骤。
① 在举升机上支稳车辆。
② 卸下车轮。
③ 拆下减振器总成。
④ 减振器与螺旋弹簧套在一起的,需再用专用工具将二者分开。
⑤ 更换新的减振器或螺旋弹簧后,按与拆卸相反的倒序安装。
注意:
① 拆装减振器与弹簧组件时,专用工具与弹簧的卡紧必须可靠,以确保安全。
② 弹簧与减振器和上弹簧盖的相互安装位置必须正确,以符合技术要求。

5.5 车轮动平衡的检查和调整

一、实训目的和要求

1. 了解什么时候需要进行车轮动平衡的检查和调整;
2. 熟练掌握车轮动平衡的检查和调整的方法、步骤。

二、实训注意事项

1. 检测时,输入轮辋直径、轮辋宽度和轮辋边缘到平衡机机箱之间的距离,数值要精准;
2. 将轮胎充气至规定气压值;
3. 动平衡机启动时,一定要放下防护罩,防止平衡块脱落伤人。

三、实训设备

车轮动平衡机 4 台。

四、实训学时及分组情况

1. 学时:2 学时;
2. 分组情况:5~6 名同学一组。

五、知识准备

1. 车轮动平衡检查和调整的原因

车轮与轮胎是高速旋转组件,如果不平衡,汽车在超过某一速度行驶时会产生共振。特别是高速公路上行驶的车辆,可能造成轮胎爆破,引发交通事故。不平衡也会引起底盘总成零部件损伤,使转向节上的磨损增加、减振器和其他悬架元件的变形等。就车轮本身而言,由于装有气门嘴,同时还与轮胎和传动轴等传动装置旋转部件组装在一起,不平衡在所难免,所以必须进行动平衡校正。但随着车辆行驶里程的增加,轮胎可能会出现不均匀磨损,车轮可能会出现定位失准,因此车轮必须定期做动平衡检查。车轮平衡包括静平衡和动平衡两种,下面分别做简要介绍。

2. 车轮静平衡

静平衡是质量围绕车轮等量分配,既车轮在静止时的平衡。实际上,不将车轮垂直装在主轴或平衡机上,车轮在车轴上处于任何位置都能保持不转动,这就达到了静平衡。静不平衡的车轮旋转时造成跳动,可能引起轮胎不均匀磨损。静不平衡的车轮有转动趋向,当重的部分转到最下方会静止,为了对重的部分进行平衡,可将一块配重直接加到车轮重的部分的对面,就是通过增加平衡块来平衡。可以将平衡块放在车轮内侧或车轮外侧,还可以将重的部分的对面的车轮内外侧各放一块相等的平衡块。

3. 车轮动平衡

动平衡是在中心线每一侧使质量等量分配,简单地说就是使车轮在运动中平衡。轮胎旋转时,如没有从一侧移到另一侧的趋势,则达到动平衡。动不平衡的车轮会引起车轮摆动和磨损,关键是存在着不平衡质量所产生的力和力偶的作用。为了纠正动不平衡,在不平衡点处,互成180°处放置相等的平衡块,一块在车轮内侧,一块在车轮外侧。这可纠正由于质量不平衡而导致车轮摆动的力偶作用。注意既要达到动平衡而又要使静平衡不受影响。

六、实训操作指导

1. 需要进行车轮动平衡检查和调整的条件

①扒胎及补胎后。
②更换新胎(包括更换雪地胎)。
③轮胎维护时,需进行检查和调整。
④轮胎旧平衡块脱落时,需进行检查和调整。
⑤轮胎有不均匀或不规则磨损等。
⑥其他原因。

2. 离车式车轮动平衡机的检测步骤

利用离车式车轮动平衡机对车轮进行动平衡检测时,需将车轮从车上拆下。

图5-6所示为典型轮胎动平衡机,其主要由驱动装置、转轴与支撑装置、显示与控制装置、制动装置组成。

图5-6 轮胎动平衡机

检测时，输入轮辋直径、轮辋宽度和轮辋边缘到平衡机机箱之间的距离，显示装置即可显示出应该加于轮辋边缘的不平衡量和相位。

车轮动平衡的检查方法如下。

①对被测车轮进行清洁，去掉泥土、砂石，拆掉旧平衡块。

②将轮胎充气至规定气压值。

③将车轮安装于平衡机上。

④打开电源开关，检查指示装置是否指示正确。

⑤键入轮辋直径、宽度，测出轮辋边缘到机箱之间的距离并键入。

⑥放下防护罩，按下启动键，开始测量。

⑦当车轮自动停转后，从指示装置读出车轮内、外动不平衡量和位置。

⑧用手慢慢旋转车轮，当动平衡机指示装置发出信号时，停止转动车轮。

⑨将动平衡机显示的动不平衡量按内、外位置，置于车轮十二点位置的轮辋边缘并装卡牢固。

⑩重新启动动平衡机，进行动平衡试验，直至动不平衡量小于 5 g，机器显示合格。最后取下车轮，关闭电源，测试结束。

由于车轮动不平衡对汽车危害很大，因此，必须对车轮的动不平衡进行检测，并进行调平衡工作，由于动平衡的车轮一定处于静平衡状态，因此，只要检测了动平衡，就没有必要检测静平衡。离车式车轮动平衡机控制装置上的开关用来设置动平衡实验或静平衡实验。当用于静平衡时，车轮旋转直到重心到达底部才能停下来。当进行动平衡时，车轮组件以高速旋转。观察平衡刻度，测出需加装的平衡块质量以及位置。按测出的质量，选择平衡块，装夹在一定的位置，这样即可使车轮及轮胎组件达到平衡。有些平衡机可用来对装在车上的车轮和轮胎进行平衡。

5.6　轮胎换位

一、实训目的和要求

1. 了解轮胎换位的好处；
2. 熟练掌握轮胎换位的方法和步骤。

二、实训注意事项

1. 轮胎换位后要根据实际轮胎所在的位置调整轮胎气压；
2. 轮胎换位时，如发现有平衡块脱落的轮胎，须对轮胎进行动平衡的检查及调整。

三、实训设备

普通轿车 6 辆。

四、实训学时及分组情况

1. 学时：2 学时；

2.分组情况:5~6名同学一组。

五、知识准备

1.轮胎规格的表示方法

轮胎的规格可用外胎直径 D、轮辋直径 d、断面宽 B 和断面高 H 的名义尺寸代号表示,如图5-7所示。

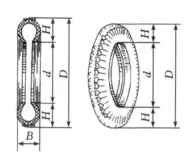

图5-7 轮胎的规格标号

我国采用国际标准,斜交轮胎的规格用 B-d 表示,载货汽车斜交轮胎和轿车斜交轮胎的尺寸均用英制单位,B 是轮胎名义断面宽度代号,d 是轮辋名义直径代号。

国产子午线轮胎规格用 BRd 表示,其中 R 代表子午线轮胎(即"Radial"的第一个字母)。国产轿车子午线轮胎断面宽已全部改用公制单位 mm;载货汽车轮胎断面宽面有英制单位 in 和公制单位 mm 两种。而轮辋直径的单位仍用 in。

随着轮胎的扁平化,仅用断面宽和轮辋直径已不能完全表示轮胎的规格。即在断面宽相同的情况下,断面高随不同扁平率而变化。轮胎按其扁平率(高宽比)划分系列,目前国产轿车子午线轮胎有 80、75、70、65、60 五个系列,数字分别表示断面高是断面宽的 80%、75%、70%、65%和 60%。显然,数字越小,胎越矮,即轮胎越扁平。

例如:捷达轿车装用的子午线扁平轮胎的型号为 185/60 R14,表示轮胎宽度 185 mm,符号"/"后面的数字 60 表示扁平率为 60%,字母"R"表示该轮胎为子午线轮胎,轮辋的直径为 14 in(英寸)。

根据国标 GB 2977—1989 规定,载货汽车普通子午线无内胎轮胎规格用 BRd 表示。有些子午线轮胎,在规格中加"TL"标志。例如:轮胎 195/70 S R14 TL 表示轮胎的断面宽度为 195 mm,扁平率为 70%,轮胎速度等级为 S 级,子午线轮胎,轮辋直径为 14 in(英寸),最后"TL"表示无内胎轮胎。

2.轮胎的速度等级

汽车及轮胎性能的提高,要求轮胎的速度性能和汽车的最高速度相匹配。为此,轮胎需要表明其速度等级。一些国家采用国际标准化组织(ISO)制定的速度标号,对各种速度给定代号。该表规定的速度等级代号既适用于轿车轮胎,也适用于货车轮胎,但是含义不完全相同。对于轿车轮胎(P 到 S 级),是指不许超过的最高速度;对于货车轮胎(F 到 N 级),是指随负荷降低可以超过的参考速度,如表5-1所示。

表 5-1 速度标志表

速度标志	速度/(km/h)	速度标志	速度/(km/h)	速度标志	速度/(km/h)
A1	5	C	60	N	140
A2	10	D	65	P	150
A3	15	E	70	Q	160
A4	20	F	80	R	170
A5	25	G	90	S	180
A6	30	J	100	T	190
A7	35	K	110	U	200
A8	40	L	120	H	210
B	50	M	130	V	240

根据国标 GB 2978—89 规定,我国轿车轮胎采用表 5-1 中速度标志符号及对应的最高行驶速度。同时还要求对于不同轮辋直径的轮胎,最高行驶速度应符合相关规定。例如轿车子午线轮胎 205/55 R16 S 规格中的 S 即表示速度等级为 S,允许的最高行驶速度为 180 km/h。

3. 负荷能力

轮胎的负荷能力是指在一定行驶速度和相应充气压力时的最大载质量,可以采用"层级"(PR)、"负荷指数"、"负荷级别"等表示。

"层级"(PR)是最早的表示方法。轮胎上表示的层级并不代表实际的帘线层数,只代表近似于棉帘线载质量的层数。例如:9.00-20-14 层级全钢丝子午线轮胎,实际胎体钢丝帘线只有一层,但它的载质量却相当于 14 层棉帘线 9.00-20 斜交轮胎。负荷级别与层数的对应关系如表 5-2 所示。

表 5-2 负荷级别与层数的对应关系

负荷级别	对应层数	负荷级别	对应层数	负荷级别	对应层数
A	2	E	10	J	18
B	4	F	12	L	20
C	6	G	14	M	22
D	8	H	16	N	24

目前国际上子午线轮胎普遍采用"负荷指数"表示方法,以阿拉伯数字标记在轮胎侧面。例如 9.00 R20 原来 14 层级的子午线轮胎,如今在轮胎胎侧上标为 9.00 R20 140 137,表示单胎负荷指数为 140,相当于载质量 2500 kg;双胎负荷指数为 137,相当于载质量为 2300 kg。"负荷指数"代表载质量,可以在轮胎上同时标明单胎和双胎的"负荷指数",对使用者来讲是最方便的。"负荷级别"通常以拉丁字母表示,可避免"层级"同实际层数混淆。例如:"G"表示相当于同规格轮胎 14 层级的载质量。"层数"和"负荷级别"需要查询每个规格轮胎的标准载质

量,比较麻烦。我国国家标准规定以"层级"表示负荷能力。

4.胎侧标志

根据国际上有关规定,为方便使用者维修与购置,在每条外胎两侧上必须标有规格、制造厂商和厂名(或地点)、标准轮辋、生产编号、骨架材料及结构代号;轿车轮胎还须标有速度级别代号和胎面磨耗标志符号的位置;载重汽车轮胎还须标有层级;胎面花纹有行驶方向的,应标有行驶方向标志。胎面磨损指示标志或称防滑标记,是稍微高出轮胎花纹沟槽底部的凸台,如图5-8所示。通常在磨耗标志对应的胎肩处标记出"△"或"TWI"等符号,以便检查轮胎的磨损。

图5-8 轮胎胎侧标志

六、实训操作指导

1.轮胎换位的含义及轮胎换位的好处

轮胎换位是指轮胎每行驶一定里程,为了保证四个轮胎均匀磨损,而进行的轮胎前后、左右或交叉更换位置。适当次数的轮胎调位,不仅可使轮胎均匀磨损,而且能保持轮胎操控平衡性。建议轮胎7500 km维护时换位一次,即使无任何偏磨的迹象,仍需换位。轮胎换位有助于轮胎的磨损率保持一致。当所有轮胎都同时达到使用寿命时,可以更换一套新轮胎,而不必被迫换一对轮胎。

2.轮胎换位的方法

①交叉换位。
②两前轮交叉移后轮,两后轮平移至前轮。
③两后轮交叉移前轮,两前轮平移至后轮。
④备胎参与换位,循环换位。

5.7 四轮定位的检查和调整

一、实训目的和要求

1.了解什么时候需要进行四轮定位的检查和调整;
2.熟练掌握四轮定位的检查和调整方法及步骤。

二、实训注意事项

在车下进行作业之前,一定要确保汽车已经以正确、安全的方式进行了支承。

三、实训设备

四轮定位仪。

四、实训学时及分组情况

1. 学时:2学时;
2. 分组情况:5~6名同学一组。

五、实训操作指导

1. 四轮定位检查和调整的条件

①更换悬架的零部件,如更换减振器、弹簧、摆臂、横拉杆时,需检查和调整。
②行驶跑偏时需检查和调整。
③轮胎异常磨损时需检查和调整。

2. 四轮定位检查和调整的步骤

①车辆开到四轮定位举升架上,检查轮胎气压,车辆高度。
②将四轮悬空,进行下一步检查。
③检查轮胎是否有不规则磨损、变形等情况,如磨损量达到可接受的最低标准则可测量数据。如转向球节有无松旷,左右横拉杆长度是否一致。
④检查上下悬架、稳定杆、四方架、大梁有无变形、松动现象。
⑤检查后桥、横助力杆、后拉杆有无变形,胶套是否松旷。
⑥检查无异常后放下车辆,摇动车辆数次,以证明悬架系统处于正常状态下,拨开四轮定位固定销。
⑦电脑开机,准备进入检测状态,然后固定好方向盘,安装四轮探测杆,连接导线,进入四轮定位检测系统,根据电脑操作顺序读取数据。
⑧根据定位角数据偏差大小,确定是否能调节或更换零部件。
⑨调节定位角必须由后轮至前轮进行调节,前轮的前束角是最后进行调节的,因为其他的定位角的调节能使止推角与车辆中心线重合,将影响到前轮的前束。
⑩先进行后轮外倾角调节,在减振器上安装好外倾角调节工具,根据定位角度需要拧紧或放松外倾角调节工具,以便按照规格设置好外倾角,达到标准数据时再拧紧减振器螺丝。
⑪调节后轮前束,通过横助力杆长度的调节可以增大或减小前束,放松横助力杆调节管两末端的夹紧螺丝,转动调节管以获得标准的前束,再紧固夹紧螺丝,两轮之间的前束数据尽量保持一致。
⑫部分车型的前轮主销内或外倾角、轮胎外倾角及轮距,属非调节角,即使这些角不能调节,但仍需对它们进行检测。如果在没有调节的情况下,数据又不符合规格,则表明某些部件磨损、损坏。
⑬调节前轮前束角。确认在调节前束时转向机齿条密封件没有被扭曲,在固定好方向盘的情况下,放松转向横拉杆的夹紧螺丝,转动转向横拉杆以获得标准的数据,两轮之间的前束角数据要尽量保持一致,确认横拉杆末端是否是直角,然后再拧紧螺丝。
⑭做好以上定位角调节后再试车,路试时需注意车辆行驶时的稳定性、操纵性等。

注意:路试时如方向有跑偏、发抖等问题,但定位角度又符合规格,需再根据轮胎之间的磨损情况进行换位调整。

5.8 扒胎和装胎

一、实训目的和要求

1. 了解什么时候需要进行车轮扒胎和装胎；
2. 熟练掌握车轮扒胎和装胎的方法及步骤。

二、实训注意事项

1. 扒胎和装胎危险性大，一定要听从教师的指导；
2. 轮胎放气和充气时一定要注意安全，一定要"慢"。

三、实训设备

扒胎机 4 台。

四、实训学时及分组情况

1. 学时：2 学时；
2. 分组情况：5~6 名同学一组。

五、实训操作指导

1. 车轮扒胎和装胎的条件

①更换雪地胎或更换四季胎。
②更换新胎。
③轮胎被扎漏气，需要补胎。
④轮胎换位需要翻边。

2. 扒胎的步骤

①车轮与轮胎从轮毂上拆下。
②拆下轮胎前应做相应标记，以便在维护中实施轮胎换位。
③分解时应拆下气门芯，放净轮胎内空气。
④使用扒胎机压下轮胎正反面，使之与轮辋初步分离。
⑤将轮胎放置于扒胎机拆转盘上。
注意：使用机器卡紧钢圈，务必保持轮胎呈平行状态。
⑥用撬棒撬出弹性挡圈，配合扒胎机拆装工具。
⑦踩下扒胎机旋转踏板，转动扒胎机转盘。
⑧轮胎正面拆卸完毕。
⑨轮胎反面拆装，请参考上述⑤、⑥、⑦步骤。
注意：拆卸应当时刻注意人身以及轮胎安全，严格按照步骤合理、科学地实施。

3. 装胎的步骤

①分辨轮胎正反面。

注意:有轮胎日期面朝向钢圈正面。
②在轮胎正反两面的胎圈面涂少许轮胎专用润滑脂,将轮胎斜置放入钢圈。
③把轮胎套入轮辋上,注意气门嘴位置,切勿损伤气门嘴,然后再摆正轮胎。
④首先装配轮胎反面,再次装配轮胎正面。
注意:不同的轮胎和车轮不能混装,不同种类的挡圈和锁圈也不能混装。
⑤注意轮胎的充气压力。
⑥所有装配步骤完成后应当检查轮胎有无漏气现象。
⑦所有检查步骤完成后拧紧气门嘴盖帽。
⑧从扒胎机上取下轮胎。
注意:取下轮胎的姿势,右手应握住轮胎正面的中心圈,左手抬住轮胎反面。如果力气过小可使用右腿膝盖处抬住轮胎反面,以此较为安全和省力。
⑨切断相关电源。
⑩装配车辆时注意螺母的拧紧力矩。
注意:一般车轮轮胎螺丝力矩为110～120 N·m。

5.9 转向助力液的检查和更换

一、实训目的和要求

1. 了解什么时候对转向助力液进行排气;
2. 了解转向助力液更换周期;
3. 熟练掌握转向助力液检查和更换的方法及步骤。

二、实训注意事项

1. 更换转向助力液后一定要进行转向助力液排气;
2. 在车下进行作业之前,一定要确保汽车已经以正确、安全的方式进行了支承;
3. 转向助力油含有致癌物质,如果沾到皮肤应及时清洗干净;
4. 转向助力油有腐蚀性,可能导致油漆失去光泽,也会导致橡胶配件老化,如有沾染应及时清洗。

三、实训设备

普通轿车6辆(液压式转向助力系统)。

四、实训学时及分组情况

1. 学时:2学时;
2. 分组情况:5～6名同学一组。

五、实训操作指导

1. 对转向助力液进行排气的条件

①更换转向助力液后,需进行排气。
②储油罐内泡沫冒出并有乳化现象时,需进行排气。
③液面过低,加注转向助力液后,需进行排气。
④管路密封不严,转向助力液不足时,需进行排气。
⑤更换转向助力泵、转向控制阀时,需进行排气。

2. 转向助力液的更换周期

①一般转向助力液使用 2 年或汽车行驶 3×10^4 km 时,需更换。
②转向助力液变质时,则需要更换。

3. 转向助力液液面的检查及调整

①启动发动机使其空转,检查油面是否在正确的位置。
②打开储液罐盖,迅速将转向盘从一侧锁止位置转到另一侧锁止位置,转动数次,直至油罐内剩余油液平面无气泡。
③关闭发动机,再检查油液平面位置,同时加注液压油直至"MAX"标记处;然后在汽车前轮处于正前方位置时,使发动机运转 2 min,继续加注液压油,直到标准。

4. 转向助力液的排气

①架起转向桥,打开储液罐盖。
②发动机怠速运转,同时反复向左、向右转动转向盘到极限位置,直至储油罐内泡沫冒出并消除乳化现象,表明液力转向系统内的空气已基本排除干净。
③发动机刚熄火后,储油罐中应无气泡,液面不得超过上限,停机 5 min 之后,液面应升高约 5 mm。

5. 转向助力液的更换

①用举升机支起汽车,将转向助力泵上的进油软管拆下,把液压油排到容器内。
②在排出液压油同时,将转向盘从一侧转到另一侧,把管路中的油排净。
③安装转向助力泵上的进油软管。
④加注液压油直至"MAX"标记处,启动发动机,使它在 1000 r/min 的状态下,运转 1~2 s 之后,液压油液面将会迅速下降,这时立即关掉发动机,再加注液压油直至"MAX"标记处。
⑤发动机怠速运转,同时反复向左、向右转动转向盘到极限位置,直到液压油内不再有空气。
⑥发动机刚熄火后,储油罐中应无气泡,液面不得超过上限,停机 5 min 之后,液面应升高约 5 mm。
⑦拧上储液罐盖。
⑧整理工具,清理现场。
⑨试车。

5.10 制动液的检查和更换

一、实训目的和要求

1. 了解制动液更换周期;
2. 熟练掌握制动液检查和更换的方法及步骤;
3. 了解什么时候需要对制动液进行排气;
4. 熟练掌握制动液进行排气的方法和步骤。

二、实训注意事项

1. 在车下进行作业之前,一定要确保汽车已经以正确、安全的方式进行了支承;
2. 不同类型的制动液不能混存和混用;
3. 在进行排气作业或检查补充制动液后,应注意拧紧储液罐盖,尽量缩短制动液接触空气的时间,以防止制动液接触空气,吸收空气中的水分,降低制动液的性能。

三、实训设备

1. 制动液、容器、漏斗及软管;
2. 排气专用扳手、连接螺母扳手(10 mm)、翼子板护裙、驾驶室内保护罩。

四、实训学时及分组情况

1. 学时:2 学时;
2. 分组情况:5～6 名同学一组。

五、知识准备

1. 汽车制动液的性能和类型

(1)制动液应具备以下性能
①良好的化学稳定性。
②对金属机件无腐蚀,且吸收的水分能完全溶解,不引起分层和沉淀。
③有适宜的粘度和低温流动性。
④传递液压力性能好。

(2)我国车用制动液的类型
①醇型。以精制的蓖麻油加乙醇或正丁醇制成。
②合成型。由醚、醇、酯等添加剂制成。
③矿物油型。用凝点低、初馏点大于 210 ℃的馏分油加增粘剂、抗氧剂、防锈剂和染色剂调和而成。

(3)根据民用机车的使用特点,可选用以下两种
①醇型制动液 1 号、3 号。其中 1 号适用于一般地区车辆;3 号适用于高温地区高速、重载车辆。

②矿物油型制动液9号、7号。其中9号适用于－25℃以上的地区,7号适用于寒冷地区。

2. 注意事项

①醇型制动液不宜用于严寒地区和炎热的山区。

②汽车制动液在添加前必须检查,如发现白色沉淀、杂质等则不能使用。

③不同类型的制动液不能混存和混用。

④换新制动液时,要将制动系洗净擦干。

⑤矿物油型制动液使用时,要将制动系的皮碗、软管更换成耐油橡胶制品,以免受到侵蚀,影响安全。

⑥合成型制动液易于吸水,有些牌号对油漆有溶解作用,使用时要严格密封和防止滴落在车身外壳上。

⑦注意防火。制动液不宜露天存放,以防其变质、失效。

⑧制动液一般在更换皮碗活塞的同时进行更换,一般的换油期为2年。

3. 真假制动液的识别

识别真假制动液的简便方法:倒少许制动液在手掌上,真制动液一般会先感到有些凉,片刻后又会感到有些热,且不易挥发;如果感觉到制动液异常的凉,没有热的感觉,而且会慢慢挥发掉,则很可能是假制动液,不可购买和使用。

4. 行驶途中发现制动液变少的应急措施

机动车在行驶途中,如果制动器因制动系储液罐缺油而失灵时,驾驶员应做到以下几点。

①切不可匆匆忙忙添加不同型号的制动液。不同类型或不同型号的制动液不允许混用,否则会出现分层现象,失去制动性能,危及行车安全。

②尽快查明缺油的原因,再根据不同情况进行处理。如果密封元件损坏,应及时更换新件;如果接头松动,应立即拧紧;如果制动液自然损耗,应加注同型号的制动液。

③如果未携带或者买不到与原来同一型号的制动液时,应该将制动系统留存的制动液全部放掉,然后用酒精彻底清洗制动系统再加入新的制动液。

④如果买不到制动液,可以用酒精或白酒代替。但此时机车制动器的制动效果会下降,所以机车要用低速挡行驶,注意控制车速,不可紧急制动,以确保行车安全。并应尽快收车,收车后立即放出代用品,换用该车型适用的制动液。

5. 如何防止制动液被水污染

制动液有吸湿性,对水比较敏感。如果有水分侵入制动液,制动液会产生分层、变质以及低温性能变差等,因此在使用中要严防制动液被水污染。具体方法如下。

①如果汽车长时间在雨季、水路以及潮湿环境下行驶时,应缩短制动液的更换期。

②更换不同型号的制动液时,必须将制动系管路清洗干净。

③加注制动液前,如果发现制动液中有白色沉淀物,应将其过滤后才能使用。

六、实训操作指导

1. 需要制动液进行排气的条件
①更换制动液后则需进行排气。
②制动液面低于储油罐容量的 1/2 或者低于下刻线时,应加注制动液到规定的液面高度后再进行排气。
③制动踏板有弹性并伴随制动不灵时,则需要制动液进行排气。
④更换主缸、轮缸、真空助力器、油管后,则需进行排气。

2. 排除液压制动系中空气的方法
排除液压制动系统中的空气,一般需要两个人配合进行,一人在驾驶室内踩制动踏板,一人进入汽车底下,做排除空气工作。放气是从离制动主缸最远的轮缸开始,具体操作程序如下。
①取下放气螺钉的护套,将一根胶管插入放气螺钉上,胶管另一端插入一个玻璃瓶内。
②一人坐于驾驶室内,连续踩下制动踏板,直至踩不下去,并且保持不动。
③另一人将放气螺钉旋松一下,此时,制动液连同空气一起从胶管喷入玻璃瓶内,然后,尽快将放气螺钉旋紧。
④在排出制动液的同时,踏板高度会逐渐降低,在未拧紧放气螺钉之前,决不可将踏板抬起,以免空气再次侵入。
⑤一个轮缸应反复放气几次,直至将空气完全放出(制动液中无气泡),按照由远到近的原则,将各轮缸逐个放气完毕。
⑥在放气过程中,应及时向储液室内添加制动液,保持液面的规定高度。

3. 制动液的更换周期
①制动液使用两年或汽车行驶 3×10^4 km。
②制动液变质。

5.11 制动块的更换

一、实训目的和要求
1. 了解在什么情况下应对制动块进行更换;
2. 熟练掌握制动块的更换方法及更换步骤。

二、实训注意事项
1. 新的摩擦片工作面、制动盘的工作面不要沾上油污;
2. 更换完制动块,在车辆没有行走之前,要踏几次制动踏板,使制动间隙恢复到正常。

三、实训设备
普通轿车 4~6;专用工具 6 套。

四、实训学时及分组情况

1. 学时:2学时;
2. 分组情况:5~6名同学一组。

五、实训操作指导

1. 对制动块进行更换的条件

①在1500 km保养检查时,制动块的磨损达到极限。
②制动块磨损报警灯亮时,需更换。
③制动块磨损报警声响起时,需更换。

2. 制动块更换的操作流程

①将车辆在举升架上支撑牢固,拆下四个车轮。
②对于前轮,用撬杆将活塞推进制动钳体极限位置。
③对于后轮,分两种情况:
(a)装备有普通机械驻车制动装置的,要用专用工具将活塞旋进制动钳体内的极限位置。
(b)装备有电子驻车制动装置的,要进入"维修模式",才能进行制动块的更换,更换完制动块,还要解除"维修模式"。
④拆下制动钳及摩擦片。
⑤更换新的摩擦片后,按与拆卸相反的顺序安装各部件。

3. 操作注意事项

①拆下制动钳后,要用钢丝挂在车身上,以免坠坏制动管路。
②在操作流程中,不要将新的摩擦片工作面及制动盘的工作面沾上油污,以免影响制动效果;也不要沾上沙粒等较硬的杂质,以免制动时拉伤工作面。
③消音片要安装可靠,以免在车辆运行时,制动块与制动钳之间产生碰撞噪音;或在制动过程中,制动块沿制动钳豁口轴向移动时,产生摩擦噪音。
④更换完制动块,在车辆没有行走之前,要踏几次制动踏板,使制动间隙恢复到正常,以免车辆启动运行后,第一次制动时,因制动间隙过大导致制动失效,出现碰撞事故。

5.12 ABS系统的故障检修

一、实训目的和要求

1. 了解什么时候需要对ABS系统进行故障检修;
2. 熟练掌握ABS系统的故障检修。

二、实训注意事项

1. 在点火开关处于点火位置时,不要拆装系统中的电器元件和线束插头,以免损坏电子控制单元;

2.拆装系统中的电器元件和线束插头,应先将点火开关断开;
3.要注意使电子控制单元免受碰撞和敲击。

三、实训设备

普通轿车 6 辆;解码器 6 台。

四、实训学时及分组情况

1.学时:2 学时;
2.分组情况:5～6 名同学一组。

五、实训操作指导

1. ABS 自诊断

ABS 自诊断是依靠其 ECU 对系统外部电路进行自检,若发现异常,电脑则将故障信息进行存储,并点亮 ABS 警告灯。

①静态自检。当点火开关接通时,ABS ECU 立即对其外部电路进行自检,仪表板上的制动警告灯和 ABS 警告灯亮起,若系统正常,警告灯 2～3s 内熄灭,自检过程完成;若系统不正常,警告灯将持续亮起,ECU 将故障信息以代码形式存储,同时关闭 ABS 系统,提示驾驶员应进行检修。

②动态自检。汽车行驶达到一定车速后,系统将对诸如电磁阀、回油泵、轮速传感器等进行自检,若发现异常,则点亮 ABS 警告灯,存储故障代码,同时关闭 ABS 系统。

2.实验操作过程

①检查蓄电池的电压,在蓄电池电压过低时,系统将不能进入工作状态。
②检查油污。如车轮转速传感器和传感器齿圈沾染油污或其他脏污时,车轮转速传感器产生的车轮转速信号就可能不够准确,会影响系统的控制精度,甚至使系统无法正常工作。
③安装解码器。
④开机→诊断程序→汽车解码程序→开始→选择车型→系统初始化(下载诊断软件)→控制模块→刹车系统→读取故障码。
⑤按故障码排故障。
⑥故障排除后清除故障码。

5.13 真空助力器的检查和更换

一、实训目的和要求

1.了解在什么情况下应对真空助力器进行检查和更换;
2.熟练掌握真空助力器的检查方法及更换步骤。

二、实训注意事项

1.真空助力器更换、安装完成后,要调整制动灯开关;

2.真空助力器更换、安装完成后,要对制动系统进行排气。

三、实训设备

普通轿车 4～6 辆。

四、实训学时及分组情况

1.学时:2学时;
2.分组情况:5～6名同学一组。

五、实训操作指导

1.真空助力器检查和更换的条件

①驾驶员感觉踩制动踏板比平时费力时,则需检查和更换。
②制动不灵时,则需检查和更换。
③怀疑真空助力器有故障时,则需检查和更换。
④$1.5\times10^4$ km 维护保养时,则需检查和更换。

2.真空助力器的检查步骤

①检查真空助力器时,先将发动机熄火。
②用力踩几次制动踏板,以消除真空助力器中残留的真空度。
③轻轻地踏制动踏板,并保持在一定的位置,然后启动发动机,使真空系统重新建立起真空,并观察踏板,有两种现象:
(a)若踏板位置有所下降,说明真空助力器正常。
(b)若踏板位置保持不动,则说明助力器或真空单向阀损坏。

3.真空助力器的更换

①用工具拆下制动总泵油管。
②拔下真空助力器上的真空软管。
③断开制动踏板与真空助力器推杆的连接。
④向外拉制动助力器和制动总泵并一同拆下。
⑤换用新的真空助力器后按相反顺序安装。
⑥安装完成后,要调整制动开关。
⑦安装完成后,要对制动系统进行排气。